DESTRAVE SUA VIDA

Até que todos sejam vistos

Produção editorial: Rosangela Santos
Diagramação: Renato Castro
Revisão: Microart Design Editorial
Capa: RC Design Editorial
Foto de capa: Arquivo pessoal da autora
Imagens: Freepik.com
Trilha sonora: Marcos Dealmo

Dados Internacionais de Catalogação na Publicação (CIP)
(Câmara Brasileira do Livro, SP, Brasil)

Zielasko, Fabiana
Destrave sua vida: até que todos sejam vistos / Fabiana Zielasko. -- 2. ed. rev e atual. -- Toledo, PR: Ed. da Autora, 2022.

ISBN 978-65-00-46582-2

1. Autoajuda 2. Autoconhecimento 3. Constelação sistêmica familiar 4. Terapia alternativa I. Título.

22-103057
CDD-616.89156

Índices para catálogo sistemático:
1. Constelação sistêmica : Terapia familiar 616.89156

Aline Graziele Benitez - Bibliotecária - CRB-1/3129

Impresso no Brasil/*Printed in Brazil*

Nota: O Acordo Ortográfico foi aplicado integralmente nesta obra.

Produção:

RC DESIGN EDITORIAL

rcdesigneditorial@gmail.com

FABIANA ZIELASKO

DESTRAVE SUA VIDA

Até que todos sejam vistos

2ª edição revista e atualizada

2022

Esta obra é dedicada aos que estiveram e permanecem em minha vida, mas, em especial, aos que ainda a encontrarão. Nem sempre a passagem de alguém importante em nossa trajetória ocorre de forma doce e tranquila. Digo isso para dedicar esta escrita aos que pareciam atrapalhar meus planos e, na verdade, eram mensageiros determinados a mostrar minha força e caminho. Soube, nessa experiência, que o Universo inteiro se abre com um livro e suas histórias. Dedico, também, ao grande amor da minha vida, Rainer Zielasko, que deixa o caminho mais bonito e feliz. A nossa filha Duda, que é o reflexo do nosso grande encontro. Aos meus pais, que possibilitaram a minha existência e também a dos irmãos que me acompanham nesta jornada. Todos esses seres especiais possuem amplo espaço neste livro e em minha vida.

Agradecimentos

Escrever um livro é como sentar-se em um dia de primavera debaixo de uma frondosa árvore à beira de um lago e, em seu espelho d'água, rever os principais trechos de sua história em câmera lenta, narrados por sentimentos e com uma trilha sonora que provoca lágrimas misturadas ao riso.

O primeiro sentimento de quem escreve uma obra é o de agradecimento pela vida. Ninguém poderá gravar tantas páginas recheadas de histórias e sentimentos sem ter vivido uma extraordinária experiência de aprendizado, desafios e sobrevivência. Ter nascido para viver e servir a vida é uma dádiva tão grande que espero ter deixado gravado em casa uma das histórias que aqui contei nestas páginas: minha gratidão aos meus pais, portais sagrados pelos quais tive a oportunidade de viver esta experiência terrena. Aos meus queridos pais, Valdir e Lia, ofereço a sagrada caminhada da vida como um agradecimento sublime e eterno. A vida é a matéria-prima para a realização de todo sonho.

Nestas páginas, estão registradas todas as pessoas e experiências que tive na vida, que hoje estão dispostas em forma de mensagens e de cura. Cada pessoa que passa em nosso caminho é como se fosse uma importante peça de um quebra-cabeça essencial e único. Cada pedido de ajuda, mensagem, campo, perguntas e interação formaram tudo que hoje se torna imortal e amplo.

Aos grandes mestres com quem convivi, mas, em especial, ao homem que chegou trazendo uma história improvável e um amor incalculável. Chegou em um tempo em que tudo era diferente e nem isso foi capaz de mudar a beleza de nossa história.

Conheceu uma jovem que ainda não conhecia seus próprios caminhos e a convidou a trilhar uma nova estrada, guiados pelo amor. É dele metade dos méritos que eu conquistei na vida.

Foi um anjo que chegou trazendo desafio. Daquelas pessoas que chegam para levar a sua vida para outro propósito e dimensão. Algo dentro de mim estava disposto a provar para ele que eu encontraria meu caminho e faria da vida algo grande e promissor. Mesmo diante das noites mais escuras, fui desafiada a colocar mais uma vez os pés no chão e construir um novo caminho.

Rainer instiga sem muitas palavras, é que ao lado dele é impossível não se motivar a seguir adiante com passos nem sempre rápidos, mas sincronizados e alicerçados por uma força de vontade incrível. Eu sei que também cheguei trazendo mudanças, projetos, força. O que talvez ainda não soubesse é que minha vida também seria tocada de tal forma a nunca mais ser a mesma.

Agradeço imensamente ter encontrado o amor e o incentivo no mesmo olhar. Caminhar ao lado de quem acredita nos teus sonhos muito mais que você é uma sensação de impossível descrição. Sendo o amor a mais perfeita das trocas, espero oportunizar sonho, vida, felicidade e energia aos teus dias.

Nesse momento também olhamos com carinho aos mestres que a vida nos apresentou. Desde meus pais, nossa filha, irmão e todos os mensageiros que passaram e ainda virão. Todos com uma missão, algumas felizes, outras intensas e complexas, porém tão importantes quanto aquelas que possibilitaram risos.

Agradecer a vida e o compartilhamento de Bert Hellinger é algo que não posso fazer apenas com palavras. Depois de conhecer sua vida, obras e trabalho, além de uma profunda admiração, ofertei minha vida para replicar e permitir transformar através do seu conhecimento. Em todo campo que entro, está lá sua vida, história e conhecimento. Agradeço imensamente que teus conhecimentos tenham tocado de forma tão especial a minha vida.

Outros mestres chegaram em minha vida e deixaram um lindo rastro de conhecimento e luz. Cito com imenso carinho a Olinda Guedes, que desenhou no Brasil um belo caminho sistêmico. Também a Silvia Maria de Jesus, que, sem imaginar, tocou a minha vida como tocam os anjos, discretos, porém extremamente necessários.

Ao querido amigo e terapeuta Jair Salvadori, que permitiu que pela primeira vez eu pudesse ver na prática o que o meu coração já havia experienciado.

Nesse exato trecho, reconheço também a importância de cada cliente, aluno e impulsionador do meu trabalho, como a Cristiane e Joice Puntel, Anna Paula Savoldi, Bruna Zielasko, Shams Sabbagh e Charles Bormanieri, pessoas que abriram portas para que o meu trabalho chegasse a tantas outras pessoas. Como cada um nos traz algo diferente e único, Edna Nunes teve a incumbência de romancear minhas palavras e expressões que muitas vezes são diretas demais para os mais sensíveis. Cada um de nós fala e ouve de acordo com suas lentes de vida. Coube a ela a ternura da fala e o cuidado em lapidar cada uma das expressões.

Agradecer é um dos remédios mais poderosos que a humanidade pode experimentar.

A melodia

Eu acredito, invariavelmente, que a música liga o ser humano ao que existe de mais sagrado. Eu não sei o que é o céu para você, mas é para esse lugar que a melodia de uma bela canção te leva. A música é como uma máquina do tempo que pode nos transportar para a infância e suas tenras brincadeiras. Alguns acordes nos envolvem em um abraço que fisicamente já é impossível. Uma viagem que pega você desprevenido e nem precisa de malas prontas, a música e a conexão feita por ela já possuem tudo que você precisa para viver da forma mais intensa essa emoção.

Porém, ela não é apenas uma incrível máquina do tempo, mas uma poderosa ferramenta de cura. Existe algo tão belo que alcança praticamente o sagrado de cada um e do universo. Um cordão umbilical composto por versos, dedilhados com afeto e outras vezes com a entonação exata de emoções que nem sabíamos que estavam lá guardadas em um cantinho da nossa memória. Cada acorde é um chamado delicado para viver.

Minha vida e meu trabalho sempre foram adornados pelas canções. Durante a produção deste livro, não poucas vezes a música esteve aqui. Ela trouxe pessoas, cenas, lágrimas, riso, encanto ou simplesmente festa. Aliás, festa é uma das especialidades da música, afinal ambas estão sempre de mãos dadas e dançando.

Em um dia destes que parecem normais, Marcos Dealmo disse que gostaria de compor uma música especial para o meu trabalho. A ideia era brilhante, mas ainda faltava um exato lugar em que ela coubesse com toda a força e energia que certamente já possuía. Compositor, produtor musical, Marcos Dealmo não sabia, mas estava criando o ambiente exato de cura e conexão que seria ofertada como um lindo presente para uma pessoa especial, que já tomou a decisão de mudar de vida ao ter este livro em mãos.

Essa canção foi feita para que você se acomode em um lugar confortável, estique seus pés, depois de um dia que pode não ter sido bom, e permita que os pontos e contrapontos dessa melodia toque cada um dos cantos mais secretos da sua alma.

Sinta a energia do propósito em que ela foi criada, sinta-se imensamente amado, pois alguém compôs uma canção para ser a trilha sonora da mudança da sua vida! Cinco segundos para você acessar o QR CODE abaixo e virar duas páginas, uma do livro e a outra da sua vida! Boa viagem.

Ouça

Uma entrevista diferente

Um contato pelas redes sociais e dias depois eu estava diante de uma mulher de enigmática, mas de transparente alma. Eu havia passado por ela anos antes, mas dessa vez seria um encontro, verdadeiramente. Tantas as perguntas e uma pressa que não combinava com a paz que ela trazia. Três jornalistas e um mistério para ser desvendado. Inevitavelmente, eu sempre tenho a sensação de ser a mais interessada.

Constelação Sistêmica se assemelhava a algo místico e alguns dos meus ouvintes pareciam mais curiosos que eu. Virou um emaranhado de perguntas, mas as respostas não eram tão simples. Havia uma explicação para cada caso e as respostas nem sempre estavam próximas do problema.

Eu havia lido alguma coisa e tinha uma vaga noção do assunto que teria que conduzir com nossa convidada. O interessante mesmo é que, a cada pergunta, ela me olhava de forma inédita, e era como se eu falasse muito mais do que gostaria de dizer.

A entrevista seguiu pelos métodos convencionais. Constelação é isso? Aquilo? Religião? Não era. Era algo novo e tão antigo ao mesmo tempo. Uma sensação de que aquele conhecimento sempre existiu, mas que nunca havia sido explicitado como naquele momento.

Claro! Era assim que as coisas funcionavam! Sim, eu era exatamente como uma tia, agia como ela. Sim, o amor que ficou no passado ainda estava ali, tão perto que nos momentos de crise eu podia sentir seu perfume. Eu era exatamente o que jurei não gostar em meus pais.

Aliás, eu estava sentindo certo pavor. Tudo era meus pais, eu era parte deles e estávamos todos juntos, independentemente de que plano estávamos naquele momento. Então aquela teoria explicava a minha vida e podia, inclusive, mudar meu futuro.

Uma hora cravada de perguntas e respostas risonhas. Não foi o suficiente, naquela tarde eu ficaria me perguntando o que aquela mulher de olhos claros e rosto iluminado sabia. E Deus? Quem era Ele diante de tanta novidade? Apenas era e continuaria sendo. Havia um espaço para toda fé, apenas era preciso olhar com amor, extremo amor.

Convidada e seduzida por aquele conhecimento, eu resolvi aparecer. O espaço dela traduzia sua alma. Lindo e único. Tapetes bem escolhidos pelo chão. Um branco nas paredes que parecia uma tela de lembranças. Mantas na entrada lembravam que nada era formal, mas que tudo era acolhimento, histórias, experimento.

Pela primeira vez fui convidada a trazer minhas memórias mais íntimas e logo reencontrei a minha criança, ainda assustada e com tanta coisa para dizer.

Durante nove meses me sentei naquele mesmo tapete, abracei árvores, respirei fundo e disse inúmeras vezes: "Eu sinto muito, eu te amo, me perdoe, eu sou grata. Chorei, nasci, cantamos, rimos, tornei-me outras pessoas e assim fui aprendendo a importância de ser quem sou".

Não eram soluções mágicas, mas eram soluções. Soube que algumas daquelas perguntas levariam tempo para serem respondidas e, com o passar do tempo, não seria mais preciso perguntar. Muito mais importante que o eco dos meus habituais questionamentos, era preciso silenciar e, ao mesmo tempo, ouvir.

De alguma forma, eu precisava encontrá-la. Durante algum tempo imaginei que havia acontecido com algum atraso, mas uma das primeiras lições que aprendi é não acreditar em atrasos. Escrevê-la foi a forma que encontrei de amá-la, pois eterna já era.

Edna Nunes da Silva

Edna Nunes é jornalista e conheceu Fabiana Zielasko, a autora desta obra, durante uma entrevista em uma emissora local de rádio. Fascinada pelo conhecimento e carisma da entrevistada, seguiu sua trajetória de forma mais próxima. Anos depois, auxiliou como organizadora da obra "Destrave sua Vida: Até que todos sejam vistos.". Edna Nunes é ativista social e trabalha no acolhimento de refugiados na ONG Embaixada Solidária, que uniu ainda mais o propósito.

Apresentação

A vida não possui uma rota estabelecida e sempre está pronta para recomeçar. Essa talvez tenha sido uma das lições mais preciosas que aprendi nessa linda história de vida e de amor que construímos. Tanta coisa tinha acontecido quando ela finalmente chegou. Muitas vezes eu havia pensado que tudo que eu tinha para viver estava conjugado no verbo passado.

Chegou absolutamente jovem, impetuosa, inconformada e com energia suficiente para mudar tudo ao nosso redor. Assim como quem não quer nada, aos poucos foi deixando meu riso mais fácil e o desenho do seu sorriso iluminou tudo que havia por perto. Havia escuridão também, dias nublados e alguns intensos vendavais.

Olhei para ela como quem acaba de encontrar os mais belos dos diamantes, no entanto, ainda coberto pela rocha que desde sempre o envolvera. O diamante estava ali, diante dos meus olhos e não importava quanto tempo levaria para que o mundo o contemplasse. Ela encontraria as ferramentas e eu estaria ali para ver de muito perto quando os primeiros raios de realização e sucesso surgissem em seu olhar.

Dentro de mim, algo trazia garantias que ela renasceria ainda mais forte, linda e completa. Coube apenas provocar que seus olhos pudessem olhar na mesma direção e começar a procura que um dia mudaria completamente tudo ao nosso redor.

Quando ouvi falar sobre o conhecimento sistêmico e todos os seus desdobramentos, não fez muito sentido. Contemplei o mergulho dela em estudos, livros, cursos, imersões e soube que não teria volta. Ela finalmente havia encontrado algo que tinha a intensidade suficiente para dar respostas a tantas perguntas que estavam estampadas em seu olhar.

Pouco tempo depois, deparei-me com minha história e um movimento sistêmico. Minha família ali representada e fatos da infância que ninguém mais poderia descrever estavam literalmente diante dos meus olhos. Fazia total sentido. Situações jamais antes compreendidas, como se em um teatro espontâneo que abria portas para cenas que, aparentemente, haviam ficado no passado. Rendi-me e soube que a força do campo e de todo aquele conhecimento estava muito além do que eu podia imaginar.

Não ficou apenas naquela prova cabal de que tudo aquilo era real e interagia o tempo todo com a realidade. Ao lado dela a vida ganhou tons coloridos e muito mais felizes. As pequenas coisas transformaram-se em acontecimentos memoráveis.

Soube que ela chegou para uma conexão que também me levaria a um outro nível em todas as áreas da minha vida. Olhei para minha história, agradeci pelas experiências e, mais uma vez, senti-me abençoado pelo amor que chegou com tons de leveza e toques de muita esperança.

Não são poucas as vezes que olho distraidamente para ela e a flagro imersa em um livro. Não importa o lugar, seja nas viagens ou no sofá de casa, ela está sempre em busca de conhecimento. Esta obra também é resultado de uma de minhas provocações a ela. Muitas pessoas precisam acessar esse conhecimento, a energia que ela põe e compartilha em tudo. O mundo precisa imensamente de cura e isso vai transformar a humanidade.

Imagina se todas as pessoas pudessem ter uma segunda chance surpreendente, daquelas que te fazem acordar feliz e dormir ansioso para que o dia finalmente amanheça para que você possa viver um pouco mais e melhor.

Ela vai imensamente longe, muito além do que meus olhos podem enxergar, mas nossos passos certamente estarão lado a lado, cercados pelo amor que ousamos compartilhar.

Rainer Zielasko

Rainer Zielasko é casado com Fabiana desde 2001. Juntos protagonizam uma linda história de amor e de muito sucesso. Antes de ser um industrial muito bem-sucedido, Rainer enfrentou um grande recomeço em todos os sentidos de sua vida. Um líder inspirador é o maior incentivador do voo livre e lindo que Fabiana alçou nos últimos anos.

Prefácio

Pelos frutos se conhece a árvore.

Essa frase milenar poderia estar grafada em cada capítulo deste livro e, por que não dizer em cada parágrafo?

Conheci a autora ainda há muitos anos, quando sua pequena filha era tão tenra quanto o era seu desejo de conhecimento. Sua disposição para tomar a vida e servir a vida era tão admirável quanto sua entrega, dedicação e espírito de pesquisa.

Afirmar que Fabiana Zielasko é dedicada é redundância.

Ao ler esta obra, desde o início, você se sentirá intrigado e certamente haverá de se surpreender ao saber que esta é a primeira obra da autora em idade adulta.

A vontade de "quero mais" continuará além do ponto final do último capítulo e um sentimento de proximidade, gratidão, amor e alegria nos levará ainda para mais próximo da autora, de seu sistema, de seus saberes e de nós mesmos.

Sim, pelo fruto se conhece a árvore.

E um bom fruto nutre a todos, nos devolvendo a nós mesmos a essência divina: O amor sempre traz de volta.

Conforme Lucas 6: 43–45 haveremos de repensar sobre nossas vidas, sobre as semeaduras, cultivo e colheitas.

Se for igual a mim, você irá reler este livro muitas vezes. Digo, ler. Porque a cada leitura é um néctar. Em tempos tão áridos de amor, aqui se encontra verdadeiros mares. Naveguemos!

Olinda Guedes

Psicóloga, terapeuta, escritora e palestrante.

Um tratado de amor

Este trecho é sobre amor, o mais intenso e puro que alguém pode sentir. Amor de quem se sente pequenina perto dela e também a pessoa mais abençoada do mundo por ter seu amor e presença em minha vida. Essa parte é sobre ser filha, aprendiz e fã.

O que eu sei sobre ela antes de mim é o que ouço contar, mas a história que faz total sentido para mim é a que vivo ao lado dela estes anos, desde que nos tornamos mãe e filha. Nem sempre conseguimos colocar em palavras o que sentimos e em especial descrever o orgulho e a emoção que insiste em não se deixar revelar por inteiro. Talvez pelo fato de que algumas coisas só podem mesmo ser sentidas.

Sou filha de uma mulher que começou do zero, literalmente e em muitos sentidos. Minha mãe nunca negará que esteve ao chão, sempre que tiver oportunidade vai contar com leveza sobre essas quedas que não foram tão sutis, mas que fizeram dela a mulher mais intensa e forte que conheço.

Mesmo a conhecendo tão de perto, não é raro que me surpreenda com seus resultados. Ela fala com a entonação de quem acredita tanto que já consegue ver e descrever detalhes. Eu sei que nem sempre foi assim e isso me traz muita esperança. Olhar para ela é a inspiração que tenho para acreditar e amar. Entre tempestades e calmarias nos encontramos no amor.

É imensamente lindo ver que, para ela, o impossível não existe. Ele não existe e ela pode provar com cada uma das suas conquistas. Aos 16 anos, idade com que escrevo este texto, sei que meus olhos ainda não conseguem ver toda luz e amor que emanam dela, porém estou para crer que exista neste mundo algo mais lindo que olhar ao lado e ver que ela dedica toda a sua vida para compreender histórias, acolher pessoas e transformar vidas.

Essas palavras são sobre agradecer pelo "sim" sempre tão presente em seu sorriso e, também, pelo "não" tão necessário que me segurou da forma essencial diante de tantas coisas. Obrigada por me fazer compreender que o amor reside em tantos gestos, lugares e nem sempre fala uma linguagem que desejamos. Vejo amor na sua força.

Ela formou com meu pai a melhor das equipes que já vi em ação. Eu não apenas ouvi falar, mas vivi o amor proporcionado por eles em cada gesto. Gostaria de falar do amor em quantidades exatas, mas sempre que penso no quanto eu a amo me deparo com detalhes da nossa história e descubro que ainda existe muito amor escondido, nascendo e transformando-se o tempo todo.

Ao ver este livro em qualquer vitrine ou biblioteca do mundo, saberei que um dia deixei meu coração contemplar a beleza do nosso encontro em forma de letras, agradecimento e amor!

Eduarda Basso Zielasko

Nota da Autora

Dia 21 de agosto de 2020, de uma gelada noite de sexta-feira. O cheiro de chá de baunilha é o aroma que permeia o ambiente quieto, porém vivo. Depois de escrever algumas dezenas de páginas, chego à conclusão de que a obra que nasceu há alguns anos está quase... Quase pronta, quase curada e apenas quase. Essa é a palavra que define o processo curativo e afetuoso que marca os nascimentos, inclusive de um livro.

Foi nessa noite que lembramos de uma história infantil muito popular de uma Rainha que contou histórias durante mil e uma noites para sobreviver. Com um pouco mais de esforço lembramos o nome da doce Sherazade, bom, ela é assunto para tratarmos mais tarde.

Depois das nossas "Mil e Uma Noites" e tantas palavras escritas, histórias contadas, emoções que muitas vezes interromperam a escrita e depois tomaram conta dela, percebo que o tempo trouxe a cura necessária e lapidou a linguagem de forma a permitir que a mediocridade estivesse distante todo o tempo para que a palavra certa pudesse tocar e curar.

Existe um silêncio envolto de calma e que traz a certeza de que toda cura encontra exatamente o caminho para sanar a dor.

Chego à conclusão de que esta obra seguirá para além dos seus propósitos. E cada mão sentirá os caminhos e histórias. Ao tocar os olhos que passearão por suas páginas, terá o poder de trazer luz e resgatar cenas que sequer foram vistas. Será guardado em estantes e gavetas pelo tempo necessário, mas que no tempo certo poderá ainda tocar vidas e corações.

Outros devem grifar apenas aquelas palavras que aqui escritas tiverem o poder de contar suas próprias histórias, agora sem pretensão, intenção e julgamento. Isso é a cura.

No entanto, aproveito para apresentar uma palavra que parece ter a força de mudar sentenças. Oportunidade, sim, oportunidade. É isso que todo e qualquer desafio traz.

Em qualquer tempo, sentimento e lugar que esta obra encontrar sua vida, você estará cercado por novas oportunidades, basta apenas que seus olhos estejam preparados para reconhecer cada uma delas. Você não é o único interessado nisso, milhares de ancestrais seguem contigo na esperança de que a vida seja plena e cheia de alegria.

Fabiana Zielasko

Mentora, Consteladora, Reprogramadora Biológica e Palestrante.
Criadora e Treinadora do Curso "A Arte de Viver Bem"
Mais de 10 mil vidas transformadas.

fabianazielasko

Sumário

Introdução

Os livros sempre estiveram presentes em minha vida de alguma forma. Eles apareceram ainda na minha infância e nunca mais se foram. Eles já foram diversão, refúgio, conhecimento, viagens e também muitas curas. Diante daquelas palavras todas, histórias foram fazendo sentido e minha vida também.

O primeiro livro que escrevi foi ainda na infância e tenho dele vagas lembranças. Desde então, em um tempo que a escola forjava no estudante a vontade da escrita, passei os felizes anos da infância e adentrei na adolescência tendo como companhia aqueles escritos que ora eram lidos ora escritos.

Vivi intensamente cada uma daquelas histórias e talvez tenha estado na vida de cada um daqueles personagens. Vivi os romances narrados docemente em forma de poesias e respirei o ar diplomático e empoeirado de cada biblioteca que encontrei.

Nos meus escritos, ainda sem um direcionamento exato, constavam as palavras que eu não disse e também todas as experiências que estavam impressas em minha vida. Assim como aquelas páginas amareladas e tão fascinantes que eram passadas e repassadas, o tempo também seguiu seu fluxo e passou. Com ele, vieram as necessidades de mais conhecimento, curas e conexões.

Na fase mais desafiadora da minha existência, eles foram o refúgio perfeito para uma dor que eu não entendia. Diante daquelas informações, o caminho da cura foi se mostrando cada vez mais próximo e próspero. Logo entendi que eles sempre foram mensagens claras e que estariam para sempre em meu caminho; no entanto, em cada fase, uma nova missão.

A próxima etapa chegou com força e desafios. Este livro nasceu primeiro no coração de um dos seres mais especiais que a vida permitiu vir ao meu mundo e ao meu lado. Rainer foi um incentivador profético. Quando, em um aeroporto, falamos pela primeira vez sobre o assunto, parecia necessário, porém um pouco distante. Meu incentivador não se deu por vencido. Naquele dia, fez questão de lembrar de quantas curas essas páginas poderiam trazer. Ele me fez imaginar quantas vidas poderiam ser tocadas. Rainer já havia tocado a minha vida tantas vezes ao chegar em casa sempre com um livro de presente. Ele sabia que muitas vezes esse era o canal mais acessível para que a vida fizesse sentido: através de histórias.

Algo se inquietou naquela noite e, como uma brisa suave, tocou meu coração. Em pouco tempo, aquele sonho encontrou um espaço dentro de mim e todo o conhecimento tratou de alinhar-se até se transformar em uma linda colcha de retalhos que foi tecida de histórias, emoções e muito amor. Afinal, mesmo em toda dor, existe um tanto de amor.

Soube que ele havia entendido plenamente minha missão e não descansaria até que a obra finalmente nascesse. Rainer aprendeu cedo a valorizar os livros, seu pai conheceu o mundo sem sair de casa. Quando cheguei na vida do Rainer, ele já havia partido para outro plano, mas soube que seu fino gosto pela leitura trouxe ao filho muito mais que o nome inspirado em um poeta. Veio na bagagem um apreço pela literatura e a certeza de que palavras podem vencer barreiras e levar muito mais que histórias.

O livro que um dia eu escreveria nunca mais foi esquecido. Uma longa gestação chegou e com ela todas as ferramentas para que ele nascesse em seu tempo, com sua força e com todas as histórias necessárias para que pudesse ser também um instrumento de cura.

Ao escrever, pude sentir muitas histórias e, com elas, todos os seus sentimentos. Vivências que eu jamais poderia ter tocado sem que estas palavras fossem grafadas. Escrevo sobre histórias e essencialmente sobre a coragem de olhar para a sua história, acolher seus medos e decidir-se pela felicidade possível.

Um mergulho com nome de mãe

Aquela menina, que sempre preferiu o colo protetor do pai, precisava de forma urgente mergulhar profundamente nos olhos da mãe e reconhecer todo o amor que, apesar de esconder-se atrás de cuidados, estava ali.

Não seria o suficiente. Era necessário diminuir-se e, na pequenez de uma criança, vislumbrar uma mulher capaz do milagre da vida. Depois disso começou a missão de reconhecer que eu não tinha o controle, a salvação e muito menos a capacidade de julgamento.

Pequena, frágil e resignada, era possível ir novamente ao colo materno como se novamente pudesse ser acalentada, acordar desse sono, curar a criança e novamente voltar para a vida.

A beleza de contemplar a mãe aciona histórias. Neste novo baú de reconhecimentos e lembranças, a mãe chega trazendo força e beleza. Lá ela escolhe aquelas mais belas roupas, deixa impecável a casa e cerca o ninho de pequenos cuidados. Nutre a vida, engole as dores e acorda todo dia para o café.

A mãe que suporta distâncias e ausências sem reclamar agora pode ser acolhida com toda sua majestade. Afinal, coube a ela o milagre da vida. Todas as renúncias, cuidados e amores estão ali, nos olhos nem sempre ternos, mas amáveis.

Eu entenderia mais tarde que toda mãe é uma obra de arte, pintada com uma cartela de cores para cada um dos seus filhos. Para alguns, será permitido olhar para todos os detalhes, para outros apenas a sombra da pintura que, mesmo sem a devida contemplação, seguirá ali.

Olhei para ela como se fosse a primeira vez. Ela era a mãe certa para mim. Chegar a essa conclusão não foi um processo rápido e muito menos indolor. Ela segue no meu jeito de ser e na mãe que um dia nasceu em mim. Segue na nossa filha e vez ou outra eu a vejo refletida no espelho da minha vida. Um laço de sangue, acordos e cumplicidades que nos faz seguir lado a lado em alma.

Ela nasceu para mim aos meus 28 anos, suportou a invisibilidade por todos esses anos, quase como um amor impossível. Estava ali o tempo todo, mas coube ao meu destino por tanto tempo não perceber sua presença e compreender sua forma de amor. Esse, sem sombra de dúvidas, foi o amor mais insistente e corajoso da minha vida. Obrigado mãe por não desistir de mim e entender que existe um tempo e uma lição em todas as coisas, inclusive em um filho.

Hoje eu a vejo em todos os cuidados que recebo, em cada campo[1] de constelação em que sua energia chega com a mensagem de mãe. Ela está no batom bonito que passo diante do espelho, na fé que carrego. Eu a honro toda vez que, através das intervenções, um filho consegue contemplar a própria mãe. Ela vem o tempo todo e agora sabe que tem um coração para pousar.

Diante dela, tudo em mim era pequeno, porém suficientemente forte para deixar a vida seguir. Estava claro o que eu sentiria até que aprendesse suas dores e amores. Eu a vi quando desliguei as histórias e me sincronizei com seu coração.

Curava-se a criança e nascia a terapeuta que já sabia que precisava curar.

---

1. Chamamos de campo o ambiente em que se organiza para facilitar uma constelação. Apesar de ele estar sempre aberto, naquela cena olhamos com total presença o que o próprio campo nos informa. São como cenas de um filme, trazendo a estrutura da família ou empresa do cliente. Ao observar essa estrutura, podemos saber qual é a desordem, exclusão ou desequilíbrio, podendo tomar todas as ações necessárias para se reestruturar de forma positiva, seja a família ou a empresa.

A viagem

Quantas revelações inesperadas não sentimos quando o assunto é a mãe? Mesmo na escrita deste livro, muitas fichas foram caindo e cenas que outrora não tinham importância agora ganham vida, fazendo total sentido. Te convido para um lugar tranquilo, em que possas deixar rolar todas as lágrimas engolidas na infância. Nosso próximo passo toca o sagrado que chamamos de mãe.

A relação entre mãe e filho é a mais próxima que pode existir e, dessa junção tão intensa, brotam os melhores e os piores sentimentos que alguém pode experimentar. Muitas vezes isso fica preso, escondido ou até mesmo silenciado, porém, sempre estará lá e refletindo em nossa vida.

Ainda não encontrei uma maneira de falar sobre mãe sem propor um mergulho intenso, afinal, é exatamente assim que começamos essa relação, mergulhados no interior de nossas mães. Quem é mãe entende completamente a intensidade desse ato.

Talvez você tenha experimentado neste capítulo emoções inesperadas, contraditórias e inéditas. Isso é um sinal claro de que tudo vai bem para o processo de cura. Não é necessário culpa, mas reconhecimento e muita gratidão. Afinal, graças ao sim dessa mulher, você poderá dar esse importante passo para uma nova vida.

Você já deve ter ouvido que curas brotam de dentro para fora, e essa é uma realidade muito importante. Nós, de alguma forma, brotamos de nossas mães, por isso, é através delas que alcançamos boa parte das nossas curas.

O próximo passo é um convite profundo e, mesmo que não faça muito sentido, não serás o mesmo depois deste encontro. Convido você a desligar-se do tempo e novamente entregar-se a esse mergulho chamado mãe. Ouça com a calma de uma criança que aprende e com a maturidade de um adulto que entendeu a importância do perdão, mesmo que seja o perdão interior. Mire a câmera do seu telefone abaixo e ouça uma meditação que possui amor e energia para abrir seu coração, destravar suas lágrimas e a sua vida.

Antes de iniciar a meditação, respire profundamente e feche os seus olhos.

Ouça

Um caminho chamado pai

Minhas primeiras lembranças de vida são marcadas pela presença do meu pai. Quando ele finalmente chegava das várias viagens, nossas guerras de travesseiro não cessavam enquanto eu ou meu irmão não pedisse água. Uma sinfonia de risos, fruto da alegria inocente de quem acalenta a saudade em demorados abraços. Até hoje essas lembranças roubam meus sorrisos de forma inesperada. O abraço de um pai e de uma mãe possui a missão de nos acompanhar de uma forma única e curativa pela vida. Eu soube disso depois.

O tempo passou e, com ele, nasceram novas guerras com o travesseiro. Dessa vez, minhas lembranças não foram as melhores e parecia que meus pedidos de água ou socorro deixaram de ser entendidos e atendidos. Eu ainda esperava que alguém pudesse aparecer de forma quase mágica e assim libertar a minha alma, que apesar de ter tanto, seguia em angústia e escassez.

Uma busca incansável por um motivo que parecia cada vez mais distante. Tinha tudo, mas faltava uma série de porquês e para quê; isso passou a ser tão forte que ficou difícil seguir vivendo de forma harmônica, feliz e despretensiosa. Diariamente uma lista passava pela minha cabeça, todos os itens estavam ali e para muitas pessoas seria a solução, mas eu não tinha condição de acesso. Faltava saber que não é o que se tem, mas a maneira com que acolhemos e usufruímos das ferramentas que nos foram ofertadas para que possamos fazer um lindo trabalho nesta existência.

Em meio a esse vazio, a vida foi seguindo, passo após passo, mas nenhum deles parecia seguro o suficiente para que eu pudesse firmar meu caminhar e finalmente encontrar respostas para tantas perguntas. Aos poucos fui admitindo que a resposta talvez não chegasse a tempo.

Estava no aeroporto quando encontrei uma amiga de velha data. Ofertei uma carona e durante os próximos 140 quilômetros, uma conversa solta e algumas curvas mudariam a minha vida. Ela conhecia parte da minha história e, lá pelo meio da estrada, ela confidenciou que havia conhecido algo que era a minha cara. Mas que cara eu tinha? Eu precisava descobrir e, quem sabe através disso, o mundo poderia ser um local mais confortável.

Algo em mim de alguma forma entendeu a mensagem. Uma semana depois eu estava diante da minha história. Era a primeira vez que através de uma Constelação pude observar os movimentos e mensagens. Ao lado do terapeuta que, ao me olhar, desferiu a primeira frase que durante alguns minutos provocou uma revolução dentro de mim. Ele sabia que ninguém entendia a minha dor. Se alguém conseguisse ver isso, certamente também saberia como eu poderia resolver.

Essa informação trouxe uma esperança, mas o olhar seguia aflito buscando naqueles movimentos alguma saída e, se possível, uma solução. Eu cuidei de cada movimento, como se deles dependesse a estrada que eu seguiria para mudar a minha vida.

As informações que eu esperava ouvir em palavras claras vieram de forma silenciosa. Senti como se uma onda batesse com bastante força em minhas costas e, de forma muito determinada, me arrancou da força que insistia em me fazer retroceder. Aquele movimento me retirou do alto mar e me lançou na praia, uma areia ainda aquecida e movediça, porém um terreno um pouco mais firme que eu ainda não conhecia. Havia algo inexplicável ali e eu entenderia muito mais tarde o que aconteceu.

Depois daquele momento, não houve trégua. Como se acordasse na areia ainda molhada, mas em um dia de sol. Os raios ainda eram tímidos, mas eu tive a certeza de que eles estavam lá e de que, dia menos dia, encontrariam meu rosto um tanto cansado. Talvez pela primeira vez eu tenha conseguido ver a luz sem sombras e a responsabilidade começou a arrastar-me lentamente do estado vitimado em que estava.

Livros, buscas, formações, perguntas. Muitas perguntas. Olhares, constatações e a certeza de que, ao tocar os pés no fundo do poço, uma força até então desconhecida me permitiu observar a borda. Havia uma borda e isso era uma esperança nova e viva.

Nessa nova condição, eu não estava sozinha e nem todas as dores eram minhas. Eu precisava olhar para o passado, honrar meus pais, reconhecer suas dores e amores e, mesmo assim, seguir para um caminho que agora era meu. Sim, eu tinha um caminho e que agora mais do que nunca precisava desvendar.

Soube que aquelas vozes, que sempre estavam ali tão perto na dor, também pertenciam a tanta gente. Tinha tantas histórias, amor, tristeza, emaranhados e outra vez amor. Tudo era um campo às vezes fértil, outras vezes seco.

Descobri que repetia histórias mesmo sem literalmente conhecer, que gritava de dor pelos que nasceram antes de mim. Eu ouvia vozes sem saber e atendia pedidos da mesma forma. Não sabendo que eu tinha uma vida, vivia por todos, em especial suas agonias. Eles também viveram por mim e minha existência estava muito mais ligada a isso tudo do que um dia pude imaginar. Era uma colcha de retalhos, uma toalha tecida com lindos fios coloridos, em uma nuance de cores que tornava alguns trechos alegres e outros mais sombrios.

Outra maneira de cura

Formada em farmácia, com pretensão de seguir para a medicina e com uma inclinação para a psicologia. Nada era completo o suficiente para acolher uma alma livre que ainda não entendia o amplo conceito de liberdade, mas que estava no caminho. Era preciso colocar a teoria sentada no tapete, ouvir o canto dos pássaros e esperar que um beija-flor pudesse trazer uma mensagem em uma tarde de primavera.

Precisava ser livre e, ao mesmo tempo, pertencer. A busca não havia cessado, mas agora o caminho se mostrava sem assombros.

Era isso! Precisava acessar e produzir conhecimentos. Afirmar que o inferno está dentro de mim e eu o controlo e que existe uma maneira de desenhar uma escada para retornar à vida. Uma janela iluminada em uma noite escura. Uma noite escura que agora aprendeu a dormir.

Lentamente o dia acordou bonito outra vez. A liberdade ganhou contornos assim que o campo trouxe diante dos meus olhos minha ancestralidade. Pude compreender histórias nunca contadas, sentir povos nunca antes observados e também a força de cada um deles. Eu gritava por uma liberdade que em algum momento meu sistema reconhecia. Um indígena destemido estava ali com sua pele colorida, força e com a mensagem sobre liberdade. Agora era possível ser neta, filha, irmã, esposa, mãe e profissional em cada um dos momentos e, mesmo assim, seguir livre e feliz.

Era-me permitido seguir na companhia de todo o meu sistema e atrair também os caminhantes que procuram seus porquês.

Como no princípio, a cura foi encontrando o rastro de cada dor. Sentada ao lado de pessoas e histórias, o campo permitiu que meus olhos pudessem observar, experienciar e apenas deixar seguir, como tem que ser.

A inclusão tornou-se o caminho da cura. Um oceano de possibilidades, dinâmicas e o coração encheu-se de olhares, honras e gratidão.

O encontro

Desde que tive contato com o conhecimento sistêmico, até o dia que me sentei ao lado de Bert Hellinger pela primeira vez, passaram-se aproximadamente dois anos.

Eu sabia muito a seu respeito, conhecia sua teoria de forma intensa. Eu já havia estado diante de muitas histórias, campos e eu era a prova de uma verdadeira transformação. Nosso encontro aconteceu em Bad Reichenhall (AL), uma pequena e desenhada cidade alemã.

Depois de uma noite de descanso, seguimos para o esperado encontro. Meus olhos pareciam que estavam ainda mais ágeis. Numa rápida passagem pelo local, soube que estava cercada de pessoas tão diferentes que se encontraram em algo.

O sotaque carregado de outros idiomas, vestes, costumes, expressões e traços que não deixavam dúvidas de que o mundo estava ali bem diante dos meus olhos.

Apesar da ansiedade em conhecer Bert, eu sentia uma ampla conexão com aquele espaço. Sabia que algo ali era também sobre mim e, ao mesmo tempo, sobre todos.

Assim, sem esperar muito, eu o vi entrando naquela sala bonita e repleta de gente. Um andar sereno de quem há muito conhecia a vida. Sua fala seguia seus passos, palavras compassadas em um alemão intenso, que escolhia cada expressão como se fosse um remédio de dose precisa e sagrada. Não era possível confundir calma com doçura. Hellinger não deixava passar uma oportunidade de ser reto e preciso. Isso me conectou ainda mais ao que ele dizia e expressava apenas por sua presença.

Havia muito conhecimento, mas muito de presença e esse seria um aprendizado à parte que passaria a integrar a minha vida de forma muito forte e necessária.

Eu levei comigo naquela viagem muito mais que algumas malas. Em meio a tantas perguntas que havia em meu coração, uma delas ganhou voz naquela noite. Entre aproximadamente seiscentos presentes, eu me sentaria com cerca de cinco ou seis outras pessoas ao seu lado para uma questão.

Quando finalmente chegou a minha vez de questionar, terminou o tempo e eu inevitavelmente precisaria esperar mais uma noite para que, finalmente, eu pudesse apresentar a ele a mãe e o filho que, através de uma história, eu levei comigo do Brasil.

Naquela noite, adormeci esperando pela resposta que viria no dia seguinte. A primeira lição já estava posta, o intervalo daquela noite era parte da resposta. Eu teria que esperar e talvez a resposta não fosse tão fácil. Se esperar era parte do processo, eu estava entregue e disposta a investir mais uma noite naquela história que, por algum tempo, havia me tirado o sono.

Minha história com essa pergunta começou há alguns meses. Havia recebido uma mãe preocupada com seu filho. Aflita, no campo, ela olhava para o filho do qual se queixava. O rapaz olhava para a morte e, de alguma forma, ele e a morte se encontraram menos de dois meses depois. Ele saiu vivo, mas sua vítima não teve a mesma sorte.

Quando ouvi sua mãe relatar o fato, algo em mim entrou em profundo questionamento. Eu sempre me perguntei o que teria dado errado naquela noite que o campo mostrou e que nada pôde ser feito pela mãe afligida e seu filho.

Depois de um dia inteiro de experiências e vivências, eu estava novamente na cadeira que traria a resposta. Sem me olhar, ele direcionou o microfone e ouviu da minha pergunta apenas duas ou três palavras. “É sobre uma mãe e seu filho”... ele baixou os olhos por um momento e, ao voltar o olhar ao nível do público, finalmente lançou seus olhos em minha direção, e eu pude finalmente me conectar com seu conhecimento. "Essa mãe deve dizer ao seu filho que ela espera mais um pouco."

Eu acolhi aquela resposta de forma intensa e imediata, mas tinha convicção de que ela ainda não estava pronta e muito menos completa como eu precisava. No entanto, eu tinha o caminho para encontrar a resposta para aquele caso e para algo que em mim questionava sempre da mesma maneira. Os dias foram se passando e, a cada campo aberto, uma partícula daquele caminho se montava, como em um quebra-cabeças complexo e tão simples ao mesmo tempo.

Ainda durante o mesmo seminário, uma mãe trazia a queixa sobre seu filho. Ela tinha muitas preocupações com ele. Bert estava pronto para trazer mais uma parte do caminho. Apenas pediu que a mãe fechasse os olhos e imaginasse seu filho morto. Ela naturalmente respirou aliviada. Até hoje não tenho certeza se a plateia inteira entendeu, mas eu soube que ali estava parte muito importante da minha própria pergunta. Quando eu terminei esse pensamento, ouvi Bert repetindo a frase: "Diga ao seu filho que você espera mais um pouco". Algo se moveu em mim e eu pude entender que o excesso de preocupação de uma mãe podia significar que ela conduzia aquele filho para morte, de modo a não ter motivos para preocupar-se com ele.

Não foi muito fácil sair com aquela resposta, pois era uma reviravolta não muito confortável. Como uma mãe preocupada poderia, mesmo inconscientemente, desejar que seu filho caminhasse para a morte? Eu era uma das mães mais preocupadas que conhecia. Diante de tudo isso, era preciso aprender a separar o ato de importar-se e preocupar-se.

Sobre a constelação familiar

A Constelação Familiar se define como a ciência das relações, que traz à luz o que pode estar impedindo uma pessoa de seguir bem em suas relações pessoais, profissionais, financeiras e de saúde.

Ela se baseia nos estudos da epigenética, campos morfogenéticos, física quântica e campos energéticos. O biólogo Rupert Sheldrake, postulou a hipótese mais revolucionária da biologia contemporânea: a da Ressonância Mórfica. As mentes de todos os indivíduos de uma espécie, incluindo o homem, encontram-se unidas e formando parte de um mesmo campo mental planetário. Ele denominou esse campo mental de Campo Morfogenético, que afeta as mentes dos indivíduos e as mentes destes também afetam o campo.

"Cada espécie animal, vegetal ou mineral possui uma memória coletiva com a qual contribuem todos os membros de uma espécie", afirma Sheldrake. Desse modo, se um indivíduo de uma espécie animal aprende uma nova habilidade, será mais fácil para que todos os outros indivíduos da dita espécie possam aprendê-la, porque a dita habilidade "ressoa" em cada um, independentemente da distância em que se encontram um do outro. E quanto mais indivíduos a aprenderem, tanto mais fácil e rápido lhes resultará aos demais.

Do grego, "epi", que significa "sobre" ou "por cima" da nossa genética, a epigenética é o estudo da hereditariedade, com o intuito de analisar suas cargas genéticas a fim de prever sua saúde, estética e comportamentos a partir deste prisma.

Três consciências

Você certamente já ouviu dizer que nem sempre a boa intenção significa que algo bom será feito. Isso nos ajuda a entender o conceito de consciência pessoal. Para que possamos entender mais esse conceito, basta exemplificar que nessa consciência existe uma ordem de pertencimento, ou seja, eu sou seduzido a fazer tudo para pertencer à família ou a determinado grupo. "Fazer tudo" aqui é levado a sério, inclui a prática de pequenas rotinas e costumes até mesmo repetir comportamentos, doenças, conceitos, destinos e inclusive decisões por morrer ou viver.

Nesse território, atuam outras duas forças; sendo elas a boa e a má consciência, que nada têm a ver com o certo e o errado. Esse cenário exige muito cuidado, aqui a leitura é feita com lentes que levam em consideração o nosso grupo ou família. É nesse campo que somos convidados a fazer coisas ruins com uma boa consciência, pois isso nos liga a um importante grupo, pode ter ligação com a sobrevivência, proteção, apoio e literalmente ao pertencimento.

Também é com essa consciência que somos levados a nos sentir mal mesmo fazendo o bem. A não concordância do grupo ou familiar pode ter um peso tão grande em nossas decisões e posicionamentos que, ao fazer algo bom sem esse apoio, podemos nos sentir na contramão da história e até mesmo culpados. A má consciência não é um território de egoísmo e muito menos em que coisas ruins acontecem, mas o lugar em que o conhecimento já libertou o indivíduo e, mesmo pertencendo, ele tem forças e liberação para fazer diferente do que seus ancestrais ou grupo fazem ou fizeram.

É natural que alternemos entre a boa e a má consciência o tempo todo. Em todos os grupos a que pertencemos, somos testados a agir como em uma manada, tribos, famílias. Isso é histórico e primitivo. Os indivíduos, sozinhos, eram frágeis demais para sobreviver aos ataques da própria natureza. Isso segue em nós e pertencer é quase sinônimo de sobrevivência, agora de forma muito mais social que literal.

A consciência pessoal é regida por três regras. A primeira delas é a necessidade de pertencer, que nos leva para as consciências que foram até aqui explicadas. A segunda é a necessidade entre o dar e o tomar, que funciona com as compensações: eu recebo algo de bom e sinto a necessidade de compensar e dou um pouco mais, criando uma retroalimentação e um equilíbrio. Aqui também se compensa a parte negativa, assim, quando alguém me faz mal, tenho a necessidade de vingança. Uma das partes precisa ter a consciência de devolver com menor intensidade o mal que lhe foi causado. Caso contrário, terá início uma guerra sem previsão de terminar.

A terceira é a regra da ordem que traz a informação que as regras dos grupos precisam ser respeitadas, caso contrário haverá sempre uma punição.

A consciência coletiva

Conceituada a nossa consciência coletiva, percebemos que ela não é a única que nos rege.

Enquanto a consciência pessoal é sentida pelo indivíduo e serve ao seu pertencimento e à sua sobrevivência pessoal, a consciência coletiva considera a família como um todo. Aqui, o que mais interessa é a integridade do clã.

Nessa consciência, pertencer não é uma escolha. Todos, sem distinção, são chamados para o pertencimento. Mesmo em uma tentativa de exclusão, de forma nem sempre justa, e o excluído terá voz e vez ao ser representado por um novo membro da família. Isso não tem data nem linearidade para acontecer, inclusive pode pular gerações.

Pertencem a esse sistema a pessoa e todos os seus irmãos, incluindo os abortados e natimortos, desconhecidos, não existem meios-irmãos em alma, sendo todos irmãos integrais e com o mesmo grau de ligação. Os pais e os tios também pertencem a esse sistema, os anteriores companheiros dos pais, assim como os amores não permitidos, avôs e em algumas vezes os tios-avôs e as(os) anteriores companheiras(os) dos avôs.

Se algum membro dessa família foi culpado pela morte de outra pessoa, a sua vítima pertence agora à sua família. Se houve, nessa família, vítimas de assassinos internos, esses agressores também pertencem a essa família.

Aqui também são acertadas as contas de vantagens. Pessoas cuja morte trouxe benefícios para a família ou seus descendentes precisam ser reconhecidas por esse ato, mesmo que com o passar do tempo a história possa ser esquecida, no entanto, a consciência coletiva estará pronta para equiparar essa situação.

A consciência coletiva não parece justa, ela é cega em seus meios de incluir, pois essa é a lei e a missão maior. Isso quer dizer que muitas vezes ela faz com que um novo membro, que sequer conhece a história dos excluídos de sua família, possa se vincular ao destino de um deles, repetindo sua história ou sentindo-se como esse membro excluído.

Um alcoolista que, rejeitado pelos seus familiares, sofreu com o difícil sentimento de exclusão, não ficará invisível para sempre. Uma família que evitou a convivência com o avô que, logo após o almoço, consumia álcool sem muita preocupação com a quantidade e com as consequências; com o passar do tempo e dos exageros repetidos, ele foi sofrendo o afastamento e o julgamento do seu clã familiar. Parecia não ter espaço para ele e seu vício naquela realidade. A morte chegou, mas a necessidade de inclusão não parou. A neta, logo após a morte do avô, de maneira inesperada, começou a ter necessidade do consumo do álcool e o vício foi o próximo passo.

Apenas o ato de honrar e dar um lugar ao avô teve o poder de libertar a mulher. Foi através dela que a mãe e o restante do grupo familiar perceberam e reconheceram o avô em suas atitudes. Ela foi chamada para servir sua família para que o avô novamente tivesse a oportunidade de ser visto com tudo o que ele trazia.

Nessa consciência, também há três necessidades que a movem. A primeira é saber que todos do clã pertencem, sejam eles vítimas ou agressores. A segunda é a necessidade de equilíbrio, aqui age a forma da inclusão que tenta compensar a injustiça cometida a um antepassado excluído. O ciclo se repete, mas o excluído segue excluído até que alguém tenha consciência e através das compreensões inclua o excluído de forma que ele tome o seu lugar, assim o descendente sente-se livre para fazer de forma diferente.

A terceira necessidade é a da hierarquia, sendo que quem veio antes tem precedência sobre os que vieram depois. Isso faz com que os pais tenham precedência sobre os filhos, o primeiro filho sobre o segundo e assim por diante. Quando essa regra é quebrada, como um filho que acredita poder salvar os pais ou tomar decisões por eles, esse se pune fracassando na vida. Os pais cuidam dos filhos e estes, por sua vez, precisam reconhecer que são pequenos diante deles.

Nos relacionamentos de casal, existe uma precedência do relacionamento anterior e dos filhos nascidos destes, porém existe uma prioridade na nova relação em que houver pelo menos um filho.

A cegueira do amor

Talvez uma das tarefas mais difíceis para o ser humano certamente é conceituar o amor. Porém, claramente podemos perceber em nossas relações próximas pelo menos duas maneiras ou consciências do amor.

Algumas vezes esse sentimento apresenta-se acompanhado de cuidados e, ao mesmo tempo, de muita consciência. Em palavras mais simples, a pessoa que nutre esse sentimento não perde a exata noção dos acontecimentos e muito menos dos pormenores que o cercam. Aqui se mede a reciprocidade, respeita-se o protagonismo do outro, sua dignidade e inclusive os limites que a relação pode ter. Isso tanto em um relacionamento romântico quanto familiar.

Os sentidos aqui funcionam e emitem alertas que podem redirecionar a relação o tempo todo. Não é cego e reconhece limites e forças, agindo sempre de forma complementar, inclusive reconhecendo com humildade sua impotência diante de algumas situações.

Por outro lado, não distante encontramos o amor cego, desmedido. Aqui não existe limite e muito menos humildade em reconhecer a impotência tão real diante de alguns acontecimentos. Esse sentimento assume uma força e importância nessa existência de difícil controle. Aqui mora um posicionamento de herói, de pais pelos filhos, filhos pelos pais ou em qualquer outro relacionamento.

Os riscos do amor cego são muitos, geralmente formando um emaranhado que pode ser desconhecido pela pessoa que agora possui o desafio de sentir e lidar com algo tão forte e com essa situação. Sempre será amor, porém um amor que adoece e rouba forças.

No amor cego a tentativa é salvar o outro, oferecendo de forma demasiada, seja através de coisas ou a própria vida, para que o outro não sofra ou até mesmo morra. Nada adianta aqui, pois ao tentar salvar o outro, tiramos dele a sua própria força.

Todo problema é uma oportunidade

A solução nunca se forma por acaso. Muitas vezes, de forma completamente ansiosa, tentamos encontrar resolução para o conflito que ainda está em fase de construção. Esquecemos que todo problema traz consigo também a solução, e junto a ele sempre está uma oportunidade.

Enquanto finalizo esta obra, o mundo ainda lida com a Pandemia trazida pela Covid-19. Parte da população ainda busca o processo de imunização, muitos por medo, outros para que possam voltar tranquilamente para suas atividades.

Com uma importante viagem marcada, ainda com idade insuficiente para integrar a etapa vacinal do meu país, veio uma imensa preocupação. Os protocolos sanitários exigem o prazo correto de imunização, e não conseguir cumprir isso me deixaria fora dessa viagem.

Depois de pensar e tentar resolver o impasse, vencida pelo cansaço, entendi que preciso desistir e adiar os planos.

Assim que desisti, chegou inesperadamente a oportunidade da vacinação na minha faixa etária e com uma única dose, cumprindo rigorosamente todas as exigências sanitárias pelas quais eu precisaria passar.

Qualquer outra vacina que exigisse duas doses não poderia ter cumprido meu prazo e o propósito de permitir minha viagem, ou seja, qualquer outra solução não seria equivalente ao problema que se apresentava.

Um problema exige uma solução exatamente à sua altura e com exclusividade. Ao entendermos o problema e a sua real origem, já temos também parte da solução. Muitas vezes a solução é entregar e confiar em algo maior que se moverá para resolver o que precisamos resolver.

O início da vida

Diante de um nascimento, temos a sensação de que a vida está começando e de que uma folha delicada e branca começa a ser desenhada e escrita. Algo novo sem dúvidas está se desenvolvendo, mas o que muitas vezes não se percebe é que milhares de outras folhas foram escritas. Toda criança é um livro que não será escrito apenas com sua existência. Muitas pessoas e cenas já foram gravadas antes que seu coração ensaiasse a primeira batida.

Nessas páginas existem centenas, milhares de histórias. Algumas muito felizes que geram em nós uma sensação tão boa que não sabemos explicar os sorrisos. Outras tão desafiadoras que nos levam a perguntar qual a origem de tanta dor ou angústia. Ao observar nossa existência, muitas vezes não encontramos explicação. Um amor não vivido que aguarda, com muita ansiedade, o exato momento em que possa, enfim, fazer pulsar um coração que precisou de gerações para ser legitimamente seu.

Aqui faz sentido qualquer história que por algum motivo não pode ser amplamente vivida; os amores impossíveis, interrompidos, excluídos e até mesmo ignorados.

Histórias que foram escritas por pessoas daquela família e que não tiveram o desfecho esperado.

O amor que espera ávido e decidido a mudar o rumo daquela vida pode ter sido momentaneamente vencido por diferenças sociais, econômicas, religiosas ou familiares. Ele não dormirá para sempre. Em uma das esquinas da existência, ele surgirá num presente passado de mãe para a filha, no cheiro de uma flor no campo e até mesmo no comportamento de um filho que toma as dores do amor não vivenciado.

Um final de sábado sempre triste pode esconder a tristeza da moça que ficou esperando no altar, no portão ou até mesmo na vida. A vida passou, mas alguém agora sente um vazio sem explicação que no primeiro momento em nada lembra a dor que no passado tinha nome, data e endereço. Alguém viverá essa história com toda força que ele formou durante anos. Isso vai muito além e atinge todos os aspectos da vida. Essa história não poderá ser compreendida de maneira isolada, mas a toalha tecida com cuidado pelo tempo novamente irá deixar posta a mesa.

Os laços de sangue e de alma

A genética vem como uma balança de alta precisão, colocando nesta missão de formar uma pessoa 23 cromossomos de um pai e igual parte de uma mãe, que poderiam ter se encontrado por acaso, mas não é essa a verdade. Desse encontro, programado e inadiável, surge um ser que carrega não apenas detalhadas características físicas, mas uma bagagem que contém histórias, traumas, dons, talentos e algumas outras ferramentas que, mais cedo ou tarde, serão usadas nessa missão.

Assim como vemos os traços familiares no rosto de um filho, se olharmos com os olhos da alma também poderíamos ver nele tudo aquilo que, de uma forma ou de outra, esteve na vida de seus pais, avós e outros ancestrais. Experiências boas e ruins, medos, facilidades, lealdades e tantas outras coisas. Como se esculpido em uma madeira, existe um mapa do que já foi desafiador, alertas, sentimentos e que, mesmo sem explicação lógica, irá interagir o tempo todo.

O sim da vida

Lá no ventre, um óvulo que já recebeu o sim da vida espera pelo espermatozoide, que também já tem uma missão e será acolhido com prontidão. É nesse exato momento que duas almas se unem nessa criança trazendo nela uma esperança. A vida vai seguir com ela e nisso habita uma grande oportunidade em que questões sejam vistas e resolvidas.

Aqueles que antes dela viveram e deixaram registradas suas existências nas páginas que antecedem esse novo ser veem nela agora seus próprios anseios e expectativas. Um nascimento será aquele rastro de esperança para que essa criança reconheça faltas, corrija os excessos e, assim, a vida possa fluir com mais leveza e justiça, sendo que para isso ela pagará qualquer preço, mesmo que nessa fatura o valor chegue ao da sua própria existência.

Antes que essa criança chegue ao mundo, pai e mãe disseram sim para a vida dela. Não importa em que circunstâncias seus pais se encontraram e muito menos o que suas emoções ou palavras dizem naquele momento. Eles decidiram em alma oportunizar a vida e isso é tudo que o novo ser precisa para cumprir sua parte neste sistema (família).

Logo, ao nascer daqueles pais, eles serão sempre os pais certos para nós, por mais que, ao analisar apenas o recorte do cenário, possamos não compreender o que precisa nosso sistema e, de alguma forma, estamos a serviço dele em todas as ações, mesmo sem a devida consciência do todo.

A prosperidade de uma criança

Uma criança vem ao mundo sempre em um contexto de esperança e prosperidade. Mesmo nas condições mais adversas, podemos observar que algo se move diante de um nascimento. Sem esperar, o pequeno tudo tem e para isso é preciso apenas estar vivo. Com um pouco mais de sensibilidade, saberíamos que o essencial mesmo é a vida, apenas a vida.

Essa abundância tem início ainda dentro do útero, quando o próprio corpo de sua mãe começa a nutrir sua vida ainda iniciante. Se nada der errado, ele terá o leite sempre em temperatura ideal e pronto para sanar todas as suas necessidades.

Até suas primeiras doenças já possuem remédio. O leite materno foi desenvolvido sob medida para todas as suas necessidades. O primeiro leite, ou seja, o colostro, terá em sua formulação natural algo como se fosse suas primeiras vacinas.

Na troca de olhares enquanto mama, ele retira outras impressões essenciais para seu pleno desenvolvimento. Hoje a medicina um pouco mais humanizada reconhece que essa troca é salutar, indispensável e que fará toda diferença no desenvolvimento dessa criança. Ali mora o fortalecimento de vínculos, laços e conexões tão necessárias durante a vida.

Na falta do leite materno, alguém prontamente procura um outro arranjo para que tudo esteja preparado e que suas refeições sejam fartas, mesmo que essa não seja a realidade de toda família.

Pelo fato de representar uma esperança muito grande para o seu sistema, será ação sincronizada para que ela possa desenvolver-se e atender ao seu chamado. O sistema, principal interessado em que tudo corra absolutamente bem para aquele ser recém-chegado, vai trabalhar em equipe para que o caminho siga conforme suas necessidades.

Diante de uma escassez, um simples pedido e todos os itens que essa criança precisa para a sua vida logo chegarão para atender suas necessidades essenciais. O pedido de uma criança tem o poder de romper barreiras racionais, trazendo diante dos olhos a nossa própria infância.

Quando nasce uma mãe

Mesmo diante de todas essas transformações, existe um universo inteiro trabalhando em um projeto multidisciplinar que será entregue em aproximadamente 40 semanas. Enquanto esse projeto não for finalmente entregue para a vida, não haverá folga. O corpo da mulher aproveitará a importante semente recebida do pai e não se dará por vencido enquanto todos os sistemas vitais de inteligência não estiverem detalhadamente constituídos e testados.

O milagre da vida está em andamento e essa mãe será neste momento a principal investidora da obra. Sairão dela todos os nutrientes, emoções e esforços até que ela possa dividir com o mundo o que, de uma forma quase inexplicável, criou com a matéria-prima do seu próprio sangue.

Existe um nascimento que muitas vezes é ignorado. Antes que o novo ser possa vir ao mundo, nasce dos escombros uma mãe que tem diante de si todas as agonias da própria vida. Esse parto muitas vezes passa de forma invisível aos nossos olhos. O nascimento de uma mãe é a morte de uma menina que vê agora, incrédula, suas prioridades mudando; a sua boneca da infância vai criando músculos e corpo e, em pouco tempo, estará ali, diante dos seus olhos ainda assombrados. Uma mulher que treme e teme perante um ser que seu próprio corpo formatou.

A recompensa de tanto esforço virá na hora que o universo chamar a nova vida. Novamente seu corpo parece entrar em pane, mas em meio a todo o caos ela saberá que sabe exatamente o que deve fazer. Uma bolsa rompendo, músculos contraindo e relaxando, lágrimas e risos. Hormônios que antes não eram capazes de alterar muita coisa, agora chegam com a força de uma tempestade e ajudam no convencimento da nova vida. Chegou o momento de nascer.

O útero delicado e forte que, durante tanto tempo, foi um lar, vai se preparando para voltar ao anonimato. A calma entrará em processo de restabelecimento assim que o primeiro choro for ouvido. É um fio de esperança e um avassalador começo.

Assim que ela sentir o calor do filho do lado de fora, entenderá o tamanho da obra de suas entranhas. Talvez compreenda a importância que possui e que nada mais importante jamais se fará. O portal da vida se abriu e mais uma vez aquele sistema inteiro terá, por suas mãos, a oportunidade de alinhamento.

A boneca ganha vida e se aninha em seus braços numa medida exata. O seio farto terminará o projeto com gotas exatas e quase milagrosas. Nesse encontro ambos saberão que não são estranhos.

Enquanto ele busca o seio da mãe, entenderá que apenas o seu leite, mesmo que sagrado, não será suficiente. Além do alimento que foi preparado enquanto ele ainda era gestado, seus olhos logo vão mergulhar profundamente no olhar de sua mãe.

Um mergulho tão intenso e necessário que ambos saberão que fizeram exatamente o que precisava ser feito. Algo muito importante nasce ali. Logo esse olhar se tornará um espelho, às vezes calmo, outras vezes agitado, porém, por toda a vida, necessário.

Essa interdependência é estratégica para que o filho tome tudo o que lhe pertence, seja o alimento, o colo e até mesmo os afagos que recebe enquanto suas necessidades físicas também são sanadas. Logo ele vai mirar sua própria imagem no espelho mais essencial que a vida lhe proporcionará, o olhar de sua mãe.

Mesmo sem palavras, suas almas pactuadas seguem. Nada faltará, pois essa é a mãe ideal para aquele filho.

O filho é a decisão mais incompreensível e ao mesmo tempo fundamental para aqueles pais e para a vida. A mãe nasce muito antes do parto do filho. Ela nasce diante de sentimentos que nem sempre são os esperados. Mesmo quando a gestação foi muito esperada e idealizada, uma onda de sentimentos se revela mostrando a fragilidade e a força da vida, mas tudo isso ao mesmo tempo sem chance nenhuma de coerência.

Ela deveria ficar feliz com a novidade, mas está triste e não consegue explicar como a razão e o coração não se encontram nessa fase da sua missão.

Aquele sonho rosado e romântico de uma explosão de amor e realização parece ter tido suas cenas congeladas e o que vem pela frente é, ao mesmo tempo, bom e assustador.

Essa situação pode revelar os traumas, medos que vivenciaram todas as mulheres daquela família ou sistema. Se pudéssemos fisicamente observar, veríamos que junto com a mãe que está nascendo estão muitas outras mulheres do seu sistema. Aqui moram os riscos das neuroses e depressões antes e depois do parto.

Algumas dessas mulheres podem trazer consigo as dores e angústias de gerar uma vida. Não há quem possa calcular a doação que existe de uma mãe e um pai neste processo de levar a vida adiante. Por isso é essencial lembrar a grandeza dos pais e sua influência direta em toda a nossa existência.

É muito natural que uma mulher encontre na gestação todos os fantasmas e medos. Gerar é morrer e fazer viver ao mesmo tempo. A mãe sabe dos riscos que ela corre e sente o medo que cercou todas as mulheres do seu sistema. Elas estão novamente unidas diante da nova vida e todas esperam que seus dramas sejam finalmente resolvidos ou que sua dor e entrega finalmente sejam observadas.

Nessa entrega, vai nascendo uma mãe que pode emergir dessas histórias todas com muito equilíbrio e, também, com extrema dor, traduzindo nas depressões outras manifestações emocionais que podem se estender por boa parte da nossa vida.

Quando finalmente essa mãe consegue nascer para esse filho, algo se cumpre e assim esse novo ser poderá, através dela, servir novamente a vida. Olhar para esse filho é olhar para a própria vida e isso, às vezes, pode ser doloroso. Um espelho que pode se partir e se reconectar em qualquer tempo, porém sempre com as marcas que resultam de todo esse movimento.

Enquanto o mundo espera ansiosamente pela criança que está por nascer, a mãe vai nascendo despercebida e invisível. A grandeza dela está em levar a vida adiante, mesmo que isso custe literalmente a sua vida.

Quando o bebê chegar, a criança não curada dessa mãe pode ressurgir trazendo um gatilho das dores que até ali seguiam veladas. Uma criança chora também as dores de sua própria mãe e muitas vezes eles vão chorar juntos. A mãe, que talvez tenha passado despercebida parte de sua vida, voltará a deixar de ser protagonista, pois o mundo agora tende a perceber apenas o filho em seus braços. A invisibilidade volta a ser real e desconfortável para ela. A mãe vai voltar a sorrir, mas esse tempo será necessário para que ela atravesse uma ponte escorregadia entre a menina e a mulher que finalmente vai nascendo.

Quando o medo surge

Um medo terrível em um momento que deveria ser cercado de segurança e muito carinho. Tudo vai bem, mas nenhuma razão consegue se sobrepor ao medo. O enxoval está pronto, médicos a postos, família presente. Exames perfeitos. Nada resolve.

Ao olhar isoladamente para essa mulher, não será possível entender seus motivos. Porém, quando olhamos com respeito para todas as mulheres deste sistema, talvez possamos observar que o medo vem das histórias de mulheres ancestrais. Nessas situações podem ter ocorrido partos improvisados, inseguros, com dor e muitas vezes até morte de filhos e mães. Alguém pode ter dado a vida para que outra pudesse seguir. Neste tipo de caso, existe um rastro de medo que seguirá com essa mulher que descende de uma história com registro de dor. Elas se unem nesse sentimento de forma inconsciente toda vez que uma vida precisa ser gerada neste sistema.

Quando os partos são tranquilos, nada existe para que essa mulher tema esse momento. O parto normal, que pode parecer tão desafiador para algumas mulheres, pode ter uma tranquilidade quase incompreensível para tantas outras. A diferença está na história que foi vivenciada por aquelas que a antecederam na missão de dar a vida.

Quando se tem consciência de que os medos não são apenas nossos, podemos olhar com acolhimento e respeito para todos aqueles que pertencem ao nosso sistema e que seguem conosco em todos os momentos. Ninguém ficará excluso das dores e das alegrias do pertencimento.

Muitas mulheres podem sentir uma enorme solidão que pode ser traduzida como carência no período gestacional. Ao olhar para seu sistema, podemos observar que muitas vezes suas mães ou avós passavam por essas fases sem nenhuma assistência, ou ignoradas. Fases de escassez emocional ou financeira também estão nesses registros todos.

Por outro lado, contemplamos pessoas que parecem ter vindo ao mundo cheias. Como elas, a vida segue leve e sem grandes exigências. Parecem flutuar em uma esfera em que não é necessário exigir ou implorar afeto, atenção e acolhimento. Um copo cheio que não enxerga problemas em dividir e, nem por isso, se esvazia. Receberam da mãe tudo o que precisavam e isso as capacitou a servir a vida sem maiores sobressaltos. Uma mãe que pode ser acessada recebeu a oportunidade de dar a segurança necessária para seu filho, que agora pode ir para a vida sem a sensação de que algo lhes falta.

Medos que não compreendemos e muito menos identificamos a causa podem, muitas vezes, ter ligação com traumas do nosso nascimento.

O nascimento de um pai

A criança sempre terá um pai, independentemente de quão presente ele seja. Ele tem uma missão intransferível, e sim, este é o pai ideal para este filho. Nessa situação, também é um pouco difícil entender essa equação que traz abundância de sentimentos para uns e escassez de afeto para outros. Aqui, novamente, precisamos olhar para o conjunto da obra se pudermos, para além do problema que, de fato, raramente será o problema.

O nascimento de um pai também exige que algumas complexidades sejam vencidas. Ele também estará cara a cara com todas as experiências, por ele e pelos pais de seu sistema. Aqui, será decisivo curar seu sistema para que a paternidade chegue com suas responsabilidades, e, mesmo assim, com extrema leveza.

Desde o momento que ele disse sim para a vida daquele filho, a sua formatação como pai começa a acontecer, porém, ele possivelmente enfrentará outras fases até que o nome "pai" faça de fato sentido em sua existência.

O seu papel de provedor fará com que, instintivamente, ele pense em como irá suster esse filho. Nesse momento ele pode ficar ou partir, afinal existe uma grande chance de que o novo pai reproduza algo que lhe pareça familiar em seu sistema.

Um filho cujo pai, diante de seu nascimento ou do de seus irmãos, não ficou ao lado de sua família, terá pela frente um grande desafio. Ao sentir a chegada do seu próprio filho, ele que olhou muitas vezes com incompreensão para seu pai precisará de permissão para seguir cuidando de seu filho. A permissão lhe será dada quando ele compreender o desafio que afugentou seu pai no passado. Isso nem sempre ocorre de forma consciente e literal. Apenas o reconhecimento o libertará. O sentimento que ele acessa nesse momento fará com que ele compreenda seu pai, esteja ele vivo ou não. Ele ganha aqui a oportunidade de, sem julgamento, fazer diferente.

A repetição de padrão na paternidade muitas vezes acontece sem que se perceba. Mesmo não concordando com o que aconteceu no passado e com o desempenho de seu pai, esse homem poderá seguir seus passos como se estivesse com os olhos vendados.

Nem sempre a maneira de deixar o filho é sair literalmente de casa. Muitas vezes esse abandono terá um perfil mais sutil, e nem por isso menos impactante. Uma carreira que exige que ele esteja fora de casa o tempo todo, compromissos infindáveis que parecem maquiar aquele sutil abandono que, mesmo sem ter compreensão, ele reproduz.

Semelhantemente ausentes, porém muitas vezes inconscientes e impotentes diante dos emaranhados que foram criados por essa situação, unem-se na dor e no abandono, como em um espelhamento.

Vivenciar esse novo papel em sua existência pode ser extremamente agradável e cheio de boas experiências. Ele poderá assumir o honroso papel de dar suporte ao filho e à mãe, ambos recém-nascidos. Nesse momento ele olha para a mulher e reconhece o esforço de todas as mulheres de seu sistema que geraram vidas.

A energia do masculino

Esse é o genitor que encontrou em seu sistema toda a energia do masculino na figura do seu pai. Ao encontrar segurança para deixar a vida seguir adiante, ele toma a paternidade com amor e leveza.

Filhos cuja mãe conseguiu contornar a ausência do pai sem diminuir ou ocultar sua importância tendem a acessar a presença do pai mesmo que não da forma tradicional ou física. Tios, avós, padrastos e outros também podem ser uma referência para que a criança seja guiada para essa energia masculina, que mais tarde o levará com sucesso para a vida.

Nem sempre a ausência na vida do filho é uma escolha. Além de todo o processo de permissão, a vida de um pai pode se findar antes que esse filho nasça ou se torne adulto. Nesses casos, eles seguem juntos não apenas pelos traços e pelo sangue que os uniram para sempre, mas em toda memória e histórias que serão contadas para esse filho. Em alma, existe um lugar para esse pai que vai além de toda e qualquer característica física. O pai seguirá nele e ele em seus filhos. Assim, todos juntos, é muito mais fácil encontrar o sentido de permitir que a vida siga para além da própria existência.

A dança do equilíbrio

Existe um conceito de valorização das mães que muitas vezes insiste na desvalorização dos pais. A formação genética de um filho ensina exatamente a proporção dessa importância de pai e mãe. Exatamente metade da contribuição de cada um, e isso não é por acaso. A regra genética dos 50% necessariamente precisa nos acompanhar no reconhecimento da igual importância dessas figuras que nos acompanham de forma firme e constante por toda a nossa existência.

Pode ser difícil para uma mulher que tem desafios com seu pai reconhecer a importância do pai do seu filho. Na verdade, a relação com os pais de todo o sistema pode entrar em cena na forma de obstáculos nesse relacionamento. Quando o valor do pai é ignorado, o filho perde forças, podendo enfrentar dificuldades em seguir para a vida ou ainda ceder aos vícios. Um dos exemplos mais claros disso é o alcoolismo, considerado a doença dos desvalorizados. O ciclo é interminável. A dinâmica se faz de forma que, quanto mais desvalorizada a pessoa se sente, mais irá beber e, quanto mais ela beber, mais será desvalorizada novamente.

Esferas de força

Homens e mulheres são como dois universos diferentes, porém convergentes. Não são apenas os aspectos físicos, mas de energia, ação. Essas diferenças começam muito cedo.

Existe uma diferença entre a paternidade de meninas e meninos, sendo que a menina nasce na esfera da mãe e mais tarde, por volta dos seis anos de idade, vai para a esfera do pai. Nessa etapa, ela pode se apegar e virar uma espécie de "princesa" do papai. Isso não é uma regra e muito menos pode ser diminuído para rótulos de comportamento. Ela deve retornar à mãe alguns anos mais tarde, pouco antes da adolescência, para compartilhar com ela algumas fases importantes e tomar a força do feminino. Aqui, é preciso compreender que a força do feminino nem sempre virá de maneira delicada, mas que o feminino precisa ser observado com toda a riqueza de forças e emoções que lhe pertencem.

Já o menino deve sair da esfera da mãe por volta dos onze anos e seguir na esfera do seu pai para se conectar com a força do masculino. Nessa energia ele terá o que precisa para nutrir sua vida e seguir com a força necessária. No entanto, pode ser que ele não encontre esse pai e se transforme no famoso "filhinho da mamãe". Será mais fácil ele encontrar o caminho dos vícios, incompreensão de hierarquias e muitas outras fugas.

Atitudes simples que nem sempre observamos são elementares e trazem reflexos grandiosos. Precisamos imaginar a cena de uma mãe que, com culpa, deixa seu filho chorando na escola e, arrasada, segue para sua rotina. Por outro lado, um pai vivenciando a mesma cena, normalmente segue para esse momento de forma mais leve. No fundo, ele conhece a força que existe em permitir que esse filho saia da redoma e acesse o mundo à sua volta.

Filhos que acessaram com sucesso sua mãe, mas que não tiveram êxito na proximidade com seu pai, tendem a conquistar o seu sucesso sem ter a possibilidade de usufruir de tudo que construíram.

Se olharmos ao redor do mundo, veremos inúmeras histórias de famas meteóricas insustentáveis que foram diagnosticadas como falta de gestão, irresponsabilidade e receberam tantos outros rótulos. Por trás de muitas dessas histórias bruscamente interrompidas existem várias crianças que, desesperadas, ainda esperam esse pai para conduzir suas vidas.

A busca por esse pai estará presente no abuso de drogas e outros vícios, na prostituição e outros transtornos. Alguns dos nossos "ídolos" do passado ou mesmo da atualidade podem enquadrar-se nessa perspectiva.

O "menininho da mamãe" e a "princesinha do papai" não encontram um reinado próspero pela frente. Em nenhum dos dois habita o prazer de servir a vida, pois ambos, de igual forma, foram servidos em demasiado por um dos pais e, sendo ainda crianças, não conseguem lidar com os problemas de adulto. Isso pode refletir em problemas em sustentar um relacionamento e o sucesso.

Quando nasce o filho

Ao nascer, a criança vem de uma intensa sintonia com a mãe durante todo o período gestacional. Ela nasce tendo seus batimentos cardíacos como uma música suave e tão familiar. O cheiro, suas emoções estão ligados e esses primeiros momentos são essenciais para as impressões que ela levará sobre o mundo e o acolhimento que recebeu.

Durante a vida, esse amor recebido ou não nesses momentos de ouro em que a criança chega ao mundo serão balizadores de todos os demais sentimentos que ela vai experimentar. O adulto inseguro que exige afeto, atenção e que precisa disso para sentir alguma satisfação não procura outra coisa a não ser a mãe que, por algum motivo, não pôde o acolher de forma que todas as suas necessidades fossem supridas quando bebê.

Pais de filhos mortos

A morte de um filho é um dos capítulos mais desafiadores da existência dos seus pais. Quando os filhos precisam ir embora antes de seu pai e sua mãe, rompe-se a ordem natural das coisas.

Uma criança, mesmo tendo recebido o sim da vida, pode ter uma passagem tão rápida pela existência. Muitas vezes essa criança terá apenas alguns dias ou meses de vida. Algumas chegam até mesmo a nascer, mas ao chegar ao mundo, parecem terminar suas missões de forma apressada e, muitas vezes, causando muita dor aos que seguem neste plano.

Essas passagens são tão rápidas quanto intensas. Correndo contra o tempo, essas vidas chegam com missões importantes que afetarão todos os membros de seu sistema de maneira muito contundente.

O filho que veio de forma muito rápida pode convidar seus pais a trocar olhares com a morte e desejar seguir seus passos para outra dimensão. O relacionamento de casal também pode ser abalado. Se o filho é um vínculo do amor transbordado dos pais, a ausência dele pode ser um calabouço que poderá tragar os sentimentos e criar uma distância desoladora entre aqueles que antes eram tão cúmplices.

Diante da morte precoce de uma criança em um aborto espontâneo, seus pais podem assumir uma postura de respeito e acolhimento. Ambos olham para o filho de maneira a dar a ele o importante lugar que ele possui nesta existência. O tempo em que viveu não determinará o impacto e a grandeza de sua história. Ele escolheu aqueles pais e seguirá com eles por amor e lealdade. Ao ser visto e acolhido na história de seus pais, sente o pertencimento e permite que tudo possa ser sustentável e harmônico.

Dessas experiências podem nascer mães que muitas vezes nem possuem a consciência de que tiveram um filho. Essa criança se apresentará em sua vida de alguma forma. Ela pede atenção em uma tristeza que aparentemente não encontra motivos para existir.

Essas crianças podem chamar atenção através dos próximos filhos deste casal.

"Uma mãe procura ajuda para poder tratar a dislexia de seu filho e o campo mostra que houve um aborto naquele sistema. Mesmo sem ter a consciência de que gestou o filho que foi embora silenciosamente, ela busca ajuda para que o caçula consiga pronunciar todas as letras do alfabeto".

Depois de tomar consciência durante a constelação, pergunta ao filho qual o nome que ele daria ao irmão e a criança responde que ele se chamaria Rafael, pronunciando as duas letras que até aquele momento estavam completamente apagadas em seu vocabulário. Havia dor ao pronunciar o nome do irmão até então excluído de seu sistema.

O filho caçula foi a ponte para que seus pais abraçassem também seu amado irmão que deixou a vida tão cedo. A dislexia, nesse caso, foi a portadora da mensagem e foi embora assim que houve compreensão e honra ao filho que, embora de forma breve, escolheu trilhar ao lado daqueles pais e seu irmão o mesmo caminho de vida.

Uma das formas de dar lugar a essa criança é ofertando a ele um nome. Assim, sua presença será exclusiva e seu território demarcado com amor e confiança. O próximo filho não será seu substituto, logo, precisará receber também um outro nome, deixando que o irmão usufrua do seu lugar de direito e que suas histórias tenham harmonia e respeito.

Quando uma criança vai embora de forma silenciosa e ainda em formação, ela deixa uma das mensagens mais fortes e amorosas que existem. Na maioria dos casos, ela parte por amor à sua mãe. Reconhece que, por algum motivo, ela seguirá melhor sem ele, seja por motivos físicos ou emocionais. Ela se desprende da vida e, mesmo que ela não entenda, recebeu dela algo grandioso.

Um aborto provocado traz uma mensagem diferente. Existe um dolo que se estenderá a todos que participaram dessa decisão. Proporcionalmente, a dosimetria dessa pena será maior para a mulher que é, sem nenhuma dúvida, a guardiã que poderá em todo o tempo resguardar aquela vida.

Decidindo por um aborto, a verdade é que essa atitude traz várias dinâmicas que podem influenciar diretamente a vida de seus pais.

Um homem com complicações financeiras pode não ligar a situação ao fato de ter exigido, proposto e até mesmo facilitado um aborto no passado. O dinheiro utilizado para tirar uma vida terá alto juro, influenciado em todo processo de sucesso financeiro. A tristeza incompreendida também pode ser sintoma tanto para o pai quanto para a mãe.

A vida que não veio

Depois de um aborto, uma energia de morte fica no ventre dessa mulher. A expectativa do que poderia ter sido está nitidamente ali. Algo violou o templo sagrado da vida e isso trará consequências que clamarão por um olhar responsável e com muita consciência.

Uma próxima gestação pode não vir enquanto o filho morto por aquela decisão não tomar de fato seu espaço. Quando o próximo filho vem, ele pode não se sentir no direito de viver diante da morte de seu irmão. Patologias como o Transtorno de Déficit de Atenção, dislexias, tristezas ou gagueira também podem se apresentar como mensageiras. Diante de uma situação como essa, o caminho é o movimento de inclusão dessa criança para que seu irmão também sinta leveza no sucesso, sem culpar-se pela não realização do primogênito.

A inclusão ocorre quando os pais tomam a responsabilidade em ter tirado do filho a vida, pois julgaram não ser o momento adequado.

Aquele filho que não veio precisa que algo grande seja feito com a vida que ele, de alguma forma, poupou. Além do luto, muito se pode ser feito para que sua existência seja honrada. Não é uma questão de anular sua existência, mas torna ainda maior sua missão. Se ele morreu para que a vida fosse mais bem aproveitada, agora é responsabilidade de seus pais ofertarem isso em memória e honra à criança que não veio.

Um filho que não tem acesso à informação de que um irmão esteve ali antes dele poderá sentir uma pressão de ter que cumprir duas ou mais jornadas. A hiperatividade também pode ser um caminho encontrado por essa pessoa. Ele fará muito e sentirá que merece pouco. Uma cobrança desmedida tomará muitos dos seus pensamentos e ações. Essa é a carga que vai denunciando uma presença que nunca foi revelada e que nem por isso deixa de se revelar no cotidiano.

Por trás de uma história de um adulto perfeccionista, existe muitas vezes um irmão que precisa ser visto. Seu sucessor, mesmo sem saber de sua breve existência, segue pela vida procurando a perfeição. Ele tentará isso em relacionamentos, na vida profissional e até mesmo no cuidado que dispensa para com sua família e por todos que estão à sua volta. Tudo é responsabilidade dele, na sua percepção. Porém, viver assim pode ser pesado demais para que ele siga pela vida sem as frustrações que podem ser superadas quando, afinal, ele concluir a perfeita missão, que é voltar o olhar da família para seu irmão que não veio. Quando ele por fim consegue isso, poderá viver de forma muito mais tranquila e sem a ânsia de encontrar a perfeição. Logo entenderá que não precisa mais cuidar de todos, pois quem precisava de sua atenção, finalmente recebeu seu lugar de direito e agora a ele pertence.

A vida gemelar

A vida gemelar começa diferente não apenas para a ciência. Algo se estabelece e nem mesmo a morte pode dividir almas que acordaram juntas.

Existe um relacionamento tão profundo que ultrapassa qualquer explicação. Tamanha sintonia permite que, muito além dos traços genéticos, suas emoções estejam em sintonia e algumas dinâmicas fortaleçam essa conexão.

Ainda na barriga eles dividem a missão da vida. Se, ao final das quarenta semanas ambos nascerem, terão pela frente um trabalho em equipe. Em tempo nenhum um estará acompanhado sem que o irmão, de alguma forma, esteja representado em sua vida.

Ainda na barriga eles dividem a missão da vida. Se, ao final das quarenta semanas, ambos nascerem, terão pela frente um trabalho em equipe. Não haverá tempo em que um estará acompanhado sem que o irmão, de alguma forma, esteja representado em sua vida.

No entanto, pode acontecer de essa mãe não ter percebido que uma dessas crianças teve sua jornada uterina interrompida. Essa parceria de alma cessou em algum momento da trajetória. Para o irmão que segue vivo, esse será o primeiro amor interrompido.

Para o gêmeo sobrevivente, o momento da perda de seu irmão pode não ter sido fácil, afinal ele estava ali, colado ao seu corpo, dividindo todos os momentos. Apenas ele sentiu a agonia e a solidão de ter que seguir sozinho, uma condição diferente da que foi combinada.

Uma das dinâmicas observadas em irmãos que nasceram dessa experiência é a sensação de vazio e de não pertencimento. Pessoas que, mesmo sem terem a consciência de que procuram o irmão, vivenciam situações de nunca concluir o que começam e com a profunda sensação de que sempre falta algo ou alguém para que sua vida se complete. Será desafiador para essa pessoa se sentir vista e merecedora da vida e do sucesso.

A solução aqui seria que o irmão vivo dissesse claramente ao irmão que não veio: Meu irmão, agora você possui seu lugar e eu trago você para a vida junto comigo. Agora, juntos, seguimos.

Nos movimentos do campo sistêmico, observam-se nesses casos duas pessoas entrelaçadas, como se agora completassem suas existências.

Uma das marcas físicas desse encontro pode ser percebida ao observar o corpo de uma pessoa gemelar. Em algumas partes do corpo, é possível ver uma coloração mais clara ou escura, talvez exatamente ali foi o ponto de integração dessas almas.

Um fato que pode também identificar isso é quando repetidas vezes essa pessoa tem seu nome trocado por terceiros. O irmão segue na busca por ser visto.

Em alguns casos, os gêmeos sobreviventes sentem-se tentados a comprar tudo em duplicidade, isso de forma inconsciente. A dinâmica é que ele sempre tentará suprir a necessidade do irmão, mesmo sem ter a consciência de que ele existiu.

Ao se casar com um gêmeo, alguns cuidados precisam ser tomados. O cônjuge sempre terá um papel secundário na vida de seu parceiro. O primeiro lugar está reservado ao seu irmão e isso é inegociável. Aceitando sua posição, será possível ter sucesso nesse relacionamento sem concorrências e competições.

Teoria do 7 por 5

Existe um mundo minúsculo, mas com um reflexo tão grande em nossas existências que sequer podemos mensurar completamente. Não é um mundo desconhecido, afinal o útero é o primeiro espaço onde temos uma vivência e percepções.

Abraçados por esse órgão muscular fantástico, que mede cerca de 7,5 centímetros, somos acolhidos pelo seu poder de moldar-se à nova vida; nos primeiros sete dias de fecundação temos uma intensa vivência.

É lá neste pequeno espaço que nossas primeiras relações vão acontecer. Algumas variantes podem interagir conosco e, consequentemente, com a nossa futura história e a nossa maneira de lidar com o mundo, com as pessoas e com nossos desafios.

Dificilmente fomos fecundados de maneira isolada ou estávamos sozinhos. Nesse período, ainda não temos a formação cerebral, mas o pequeno embrião sem sua racionalidade é capaz de ter sensações e muitos sentimentos, ainda sem nexo, mas não sem importância.

Aquelas ideias difundidas de que apenas uma das sementes será fecundada e de que raramente teremos companhia de pequenos irmãos que iniciaram sua jornada de vida conosco e, por algum motivo, não virão à vida, mas deixarão conosco a sensação dos sentimentos que dividimos nesse breve e intenso contato.

Em algumas circunstâncias, muitas crianças são geradas e o grande grupo viverá experiências inacreditáveis.

Em um útero em que uma comunidade de destino é formada, essas crianças sentem as presenças umas das outras. Mesmo sem consciência, o senso de não estar só é acionado. Ali, mesmo lutando pela vida e para conquistar o espaço, as pequenas vidas se completam de alguma forma e está tudo bem. O problema está no momento em que o grupo começa se desfazer.

Sentimentos como abandono, tristeza e solidão podem se apossar do feto sobrevivente.

Nesse tempo, é natural que alguns desses microsseres sejam absorvidos pelo útero ou até mesmo se desfaçam inexplicavelmente. Para quem fica, resta a sensação de que nada estará absolutamente completo na solidão de ter sobrevivido.

Diante de algumas pessoas que não conseguem acessar a figura materna, precisamos observar que o contato com os irmãos que não sobreviveram antecedeu a relação entre mãe e filho e isso pode explicar muita coisa sobre essa desconexão.

A relação com os irmãos e como ela se desenvolveu cria uma espécie de lente pela qual essa pessoa vai olhar e interagir com o mundo.

No útero, os bebês fecundados terão tamanhos e desenvolvimento diferentes, apesar de uma idade muito similar. Alguns estão mais próximos do feto sobrevivente e, para estes, é possível que a percepção seja maior e a intensidade da relação de contato seja mais afinada. O embrião que muitas vezes resta sozinho ao final desta fase terá que se reorganizar no espaço e na ausência de cada um dos irmãos que vão partindo de forma cada vez mais intensa e perceptível.

Quando ele perde um irmão de um porte menor, poderá vir para a vida com a sensação de que é grande demais para tudo o que possui e faz, a sensação de que nada é verdadeiramente suficiente.

O caso inverso traz outra dinâmica. Quem teve que se aconchegar no espaço de um irmão maior, conhece a sensação de que nada que faz é grande o suficiente ou importante como imagina. A impotência diante de um espaço que não estava preparado para que ele, sozinho e pequeno, pudesse seguir.

As maneiras de sobrevivência

Dentro desse pequeno mundo, será necessária uma luta pela sobrevivência. Ela é instintiva, porém cheia de sensações que ficaram gravadas em nossa memória celular que já está composta e ativa. Além disso, essas lentes emocionais formadas serão cobertas por uma película que dará conta de explicar sua atuação diante da vida.

Uma das formas de sobrevivência que ele encontrará está pautada nas compensações. Quem enfrentou dentro do útero sensações de abandono, tristeza, solidão e outros sentimentos desta vertente, encontrará uma maneira de compensar através de atos de distração para não acessar sua primeira dor. Pessoas que vivem para trabalhar, voluntários. A sensação de culpa está presente aqui. Por acreditar que talvez tenha contribuído para a morte dos irmãos, ele tentará compensar trazendo para si todos os irmãos que se foram. Nem sempre ele encontrará almas semelhantes e poderá decepcionar-se com grande frequência diante de relacionamentos, sejam afetivos ou de amizades.

A dependência é uma maneira de sobrevivência possível em algumas causas. A perda dos irmãos foi de certa forma substituída para que a dor fosse suportável. Assim continuará sendo. Nesse cenário é que estão presentes os vícios como o álcool e outras drogas, excesso de sexo, compras, jogos, atividade física e outras compulsões, como as redes sociais, por exemplo.

A ilusão é a criação de um mundo próprio em que a verdade ou a versão de outro não possui um espaço. Nesse cenário, entram pessoas que têm excessivamente egocentrismo, megalomania, religiosidade, espiritualidade e outras variantes que eliminam os pensamentos diversos. Esse é o movimento de quem busca reformular o grupo de irmãos ao qual pertenceu na vida ainda no útero. Aqui estão presentes todos aqueles que, através de uma causa, profissão, religião ou qualquer outro ato estão sempre a formar grupos que acreditam ou se agregam de forma a se sentirem seguros novamente.

Outra forma de sobreviver na via uterina é a dissimulação, um movimento de mostrar um sentimento contrário do que realmente sente. Dissimulação nem sempre estará ligada a uma intenção ruim de enganar ou ludibriar, mas ao fato de criar uma máscara social que permita não ter um contato com a dor que se deseja evitar. Diante de um trauma, a realidade se transforma em algo tão insuportável que criamos uma realidade ilusória para que seja possível viver, apesar de toda a dor.

Existem ainda outros movimentos que podem se apresentar como forma de sobrevivência posterior. Entre esses sentimentos pode estar a negação, otimizada especialmente diante dos momentos de perdas. Outra faceta é o afastamento, um movimento que antecipa a dor e, para que ela não se concretize novamente, busca não construir laços e afetos.

Outra forma de sobreviver a esse processo é tentando manter o controle de tudo que o cerca. Essa é a forma de conhecer e manipular à sua volta todos os processos para que possa prever e evitar novas perdas.

A manipulação, aqui, não soa como uma tática maldosa, mas de cuidados e articulação para que nada saia do planejado. Quem no útero esteve impotente diante de todas as perdas, agora, com braços, pernas e um sistema racional funcionando a todo vapor poderá tomar o controle mais do que o necessário para que nunca mais esteja nessa posição de descontrole.

O condomínio da vida

Nessa visão, dentro de uma bolsa amniótica com outros pequenos irmãos, o rápido e efêmero encontro possui a intensidade de gravar em nós informações importantes. Mesmo que não tenhamos lembranças delas mais tarde, serão incluídas em nossos neurônios e, de alguma forma, serão referências para a maneira que vamos encarar nossas existências.

Destes intensos sete dias, entre pequenos lutos, superações e sensações que se alternam, mesmo com o pequeno corpo vital em funcionamento, vai se fixando em nossas células uma escrita em braile que precisa ser tocada para que de fato possa ser interpretada e entendida.

A razão talvez jamais encontre luz ou explicação nas sensações que durante toda a vida teremos, desde que esses fatos se desenrolaram.

Diante da fragilidade dos irmãos que vamos perdendo nesses dias, o pequeno feto terá a sensação de suas próprias inseguranças e infortúnios. Além de sua bolsa amniótica, outras também existiram e a criança sobrevivente também teve percepção disso.

Dessa relação surgem as impressões que mais tarde teremos sobre a vida e os seus desafios. Uma pessoa que, por exemplo, não consegue ver a parte boa da vida e de seus acontecimentos. Mesmo diante de uma oportunidade, inacreditavelmente essa pessoa reagirá como se estivesse diante de uma tragédia. O colapso de ter visto que mesmo a vida recém gerada pode causar impressões de dor, solidão e ausências foi forte demais para que a experiência de ter sobrevivido pudesse ser plena e feliz.

Depois de superado o período uterino, a vida aqui fora ainda será um campo de sobrevivência. A culpa pelo fato de que, diferentemente dos irmãos, ele sobreviveu, poderá ser forte demais para ele. Assim, age sempre como um soldado que saiu para a guerra acompanhado por seus amigos e voltou sozinho, deixando para trás apenas a lembrança e a dor pelos amigos que foram apanhados pela morte.

Na vida, o gemelar sobrevivente vai buscar experiências que o levem novamente para o útero e nem sempre essa busca é bem-sucedida. A busca por reencenar o início de sua vida será para ele uma escolha inconsciente, porém frequente. Essa busca vai traçar um caminho que, muitas vezes, poderá levar o sobrevivente para o sofrimento e a inanição, um cenário que dificilmente será superado sem movimentos precisos e à luz do conhecimento.

Além da inanição e outros sentimentos, a paralisação é um outro sentimento frequente de quem não esteve sozinho na vida uterina. Entre os irmãos, vivos ou mortos, não era possível muitos movimentos. Em alguns lugares, havia apenas a escuridão e a sensação de aperto. Isso muitas vezes se repete na vida e a paralisia transforma a realidade de forma indesejada.

A pressão sofrida no útero é uma das mais fortes da nossa existência. Lá, a pressão é por espaço e posição. Quem estava em cima teve a oportunidade de contemplar a vida de uma maneira mais leve e sem muitas pressões. Quem esteve embaixo do conglomerado sentirá sempre o peso dos que estão acima e muitas vezes terá mais dificuldades para livrar-se destas sensações.

A autossabotagem é uma das alternativas que surgem para quem não se permite estar bem, mesmo tendo condições. Isso atinge todas as áreas da vida, inclusive quando se trata de autocuidado, alimentação ou até mesmo do bem-estar.

O útero cibernético

A vida vai repetindo os movimentos do útero, mesmo sem que possamos perceber claramente. Existe uma disposição em repetir o que de alguma forma vivemos naqueles momentos, além da vida real e os grupos que organizamos para reprisar o momento em que a vida começou.

Porém não é apenas na vida real que isso acontece. Se observarmos o nosso comportamento diante do ambiente cibernético de forma detalhada, saberemos que novamente estamos cercados de pessoas que conhecemos e sentimos, porém de fato não podemos tocar e muito menos ter um contato tanto quanto gostaríamos. Assim como os pequenos irmãos que estavam lá, que, mesmo sem toque, são percebidos. A impressão de não estarmos sozinhos vai se tornando real.

Aquela busca para que algo se encaixe vem muito antes da infância, mas nos faz mergulhar novamente no útero e buscar por essas respostas. Novamente a percepção que tivemos nessa fase pode nortear a maneira com que interagimos com as redes e todas as informações que chegam através delas.

Agora o grande útero é digital, mas nem por isso menos materno e confortável. Lá estão pessoas que, de alguma maneira, possuem uma parcela de participação em nossas histórias e existências. Podemos ficar neste mundo digital apenas como espectadores da vida que acontece à nossa volta.

A internet muitas das vezes é também uma fuga de um mundo real que possui dores ou pressões demais para aquela pessoa. Assim, da mesma forma que se passava no útero, o olhar deixa de lado a própria dor e lança o olhar para o outro, a fim de aliviar suas próprias pressões e dores. No útero cibernético, é preciso sobreviver ao bombardeio de pessoas e informações.

Não navegamos apenas por navegar. Estamos a procura de algo e esse quebra-cabeças seguirá na busca por se completar vida afora. Lá, nossas fragilidades e fortalezas vão travar um duelo.

Dinâmica do amor interrompido

Existe uma dinâmica conhecida como "amor interrompido" que pode fugir do controle em algumas situações e que, mesmo assim, pode ser traumática na vida de algumas pessoas. Outras, com mais facilidade, conseguem resolver e seguir mesmo diante do desafio. Existem inúmeras situações em que isso pode ocorrer. Uma criança que, ao nascer, precisa ficar longe de sua mãe por qualquer motivo, terá a experiência de procurar desesperadamente por ela e não a encontrar.

Um dos casos mais recorrentes são os bebês prematuros que ficam por muito tempo em incubadoras. Mesmo com toda a preocupação e humanização desses espaços, pode faltar para ele o simples e curativo contato do seu corpo com o corpo de sua mãe. Essas percepções têm mudado os protocolos médicos no caso de nascimentos precoces. O íntimo amor de mãe vai ganhando espaço não mais nos corredores esperando pelos filhos, mas junto com eles lutando pela vida.

A morte da mãe em trabalho de parto ou na primeira infância pode levar também ao processo de amor interrompido. Em casos como esses, é importante levar em consideração a construção de uma rede que possa fortalecer os vínculos com essas crianças e, ao mesmo tempo, reconhecer que, mesmo tendo custado a existência de sua mãe, ele poderá fazer algo grande com a vida que lhe foi oferecida a esse custo.

Uma mãe que enfrenta logo após o parto uma depressão pode ter dificuldades de olhar para seu filho. Esse vazio emocional oferece risco ao filho que, nesse momento, precisa acessar sua mãe. Quando essa mulher compreende que seu desgosto pela vida não tem o rosto do seu filho e sim um retrato da relação com sua mãe e, também, com sua chegada ao mundo, ela pode se libertar dessa sensação e, ao mesmo tempo, permitir que sua descendência seja curada através de sua consciência. Desse modo, todo o seu sistema poderá acessar a paz ao nascer.

Assim como para todo veneno existe um antídoto, para toda crise que se instala existe também uma preciosa chance de cura.

O amor interrompido pode ter outras faces. Uma criança que leva com muita expectativa um desenho para que sua mãe veja e é acolhida com frieza pode sofrer esse impacto.

Uma mãe que faz muito pelos outros pode ser incompreendida pelo seu filho. Ele pode desenvolver um sentimento de que algo sempre lhe é tirado.

Um filho que quebra um prato e que procura a mãe para um abraço de reconciliação e encontra a mãe em seu momento de raiva levará consigo que cometeu um grave delito e que isso talvez tenha custado o amor de sua mãe. Essa é uma das mais populares faces do amor interrompido.

Um castigo severo demais pode também ter os traços de um amor interrompido. Quando a penalidade excede a dosimetria do erro cometido, algo se rompe e só poderá ser reconstituído se voltarmos ao epicentro dessa dor.

A conexão do amor

Mãe e filho diante do desafio do "Amor Interrompido" precisam de uma solução. A dor pode assombrar ambos e refletir de inúmeras maneiras. O movimento que leva à cura de ambos pode ser doloroso, mas desenvolve uma oportunidade de voltar no momento anterior ao trauma onde ocorreu a ruptura com sua mãe. Apenas nesse ponto existe um amor perfeito, sem mácula e que tem o poder de curar o trauma, trazendo a memória em que havia amor, deixando claro que o ocorrido nada tinha a ver com o amor, mas com o momento e a lição a ser aprendida.

Ao identificar isso, reconhece-se a grandeza de sua mãe e o que ela tinha para lhe oferecer naquele momento. A reconexão pode trazer novo laço para o amor entre ambos. A prova de que tudo deu certo e que esse filho está vivo e que agora ganhou a oportunidade de redescobrir que de fato é amado.

A infância

Na infância, há um amor incondicional em que tudo se oferece sem esperar nada. Uma criança que percebe nos pais ou em sua própria história desafios tende a colocar-se à disposição para resolver essas situações. Seus ouvidos, olhos e todos os demais sentidos estão aguçados e sempre dispostos aos pedidos mais secretos e silenciosos de ajuda, em especial de seus pais, mas que pode vir também de sua ancestralidade.

Ao observar uma criança que manifesta um sintoma, precisamos olhar também em seu entorno e perguntar de quem é a dor ou o sentimento que ela, de uma forma que pode ser muito discreta, emite para que seu clã entenda. Imagine um bebê que desde os seus primeiros dias de vida chora constantemente. Os meses passam e, apesar de todas as suas necessidades serem observadas, a criança segue se lamentando. Tudo é feito para que o bebê melhore, entenda que é amado e que está seguro, mesmo fora da barriga de sua mãe.

Dificilmente alguém vai lembrar de olhar com a mesma dedicação e preocupação para a mãe dessa criança. O bebê muitas vezes traduz em seu choro toda a tristeza de sua própria mãe e, ainda que ambos não tenham essa consciência, ele sacrifica seu bem-estar para que a agonia de sua mãe de alguma forma ganhe um espaço. Outra dinâmica que se estabelece é a união familiar, mesmo que em momentos de preocupação e de dor. Essa foi a forma encontrada para que todos somassem forças para sanar a insatisfação da criança. O choro, às vezes, pode vir acompanhado por alguma doença que terá um papel muito parecido. Uma menininha adorável que, aos quatro anos, recebe um diagnóstico que no primeiro momento parece inexplicável e cruel. Diante do medo das consequências da doença, além do tratamento convencional é natural que seus pais e familiares procurem uma explicação que preferencialmente venha acompanhada de uma solução. Afinal, parece não ser justo que alguém tão frágil e indefeso precise passar por tão dura prova, deixando também sangrando o coração dos seus pais.

Para entender esse caso, é preciso que sigamos falando de como as crianças, de forma muito determinada, estão sempre prontas para servir a vida e tentar muitas vezes solucionar os problemas dos pais, mesmo que isso lhes custe a própria vida. Se os sintomas que insistem em nocautear a criança caracterizam uma leucemia, logo precisamos olhar para o sangue dos dois sistemas que se uniram nesta vida e será impossível fazer isso sem levar em consideração o relacionamento de seus pais.

Nesse território, literalmente percebemos um enfrentamento entre pai e mãe, situação em que um tenta provar que seu "sangue" ou contribuição é melhor que o do outro. Essa guerra barulhenta ou silenciosa poderá custar muito para esse casal e o diagnóstico é apenas um mensageiro físico que chegará de forma cada vez mais agressiva. Pai e mãe novamente precisarão ser milimetricamente medidos e pesados na balança de alta precisão. Restabelecidos os valiosos 50% de cada um, seja com qualidade ou desafios, a cura poderá aproximar-se quase como um milagre, mas dessa vez levará o nome de equilíbrio e amor.

Outra possibilidade para a doença dessa criança é outra tentativa de salvação. A doença pode ser a inclusão de algo que, ao ser considerado ruim, foi rejeitado. Um familiar que esteja vivo, mas que deseja a morte de forma secreta ou não. Uma avó, um tio que tenha um laço de sangue e que por algum motivo precisa do reconhecimento dessa família. Da parte da criança, será um mergulho intenso, sem cálculo de dor ou consequência. Ela, de olhos fechados, se entregará pelos seus e, como contrapartida, ela apenas deseja servir e pertencer da forma mais profunda que se pode imaginar, nem que essa imersão seja para ela uma viagem sem volta. Sim, nessa entrega se oferece tudo, inclusive a vida.

Os desafios não param por aí. Eles podem chegar e partir em qualquer momento da vida, mas é na infância que os sintomas dos pais aparecem mais diretamente no comportamento dos filhos. Um pai alcoolista e uma criança que não consegue acordar para fazer xixi e todas as manhãs acorda molhada. Ela já é crescida e isso traz para ela um desconforto. O pai, muitas vezes humilhado e hostilizado na sua masculinidade dentro de sua casa ou em seu sistema, encontrou o vício, que também o envergonha e muitas vezes o diminui diante daqueles de quem ele deveria ter o respeito. De alguma forma, pai e filho seguem lado a lado na humilhação. Não existe apenas um que precisa ser cuidado, mas, de alguma forma, seu filho toma suas dores e precisará de todo o aparato para cumprir algo que pode ser extremamente simples e possível: controlar o próprio corpo, algo que seu genitor também não pode mais fazer.

Um medo tão forte que toma a criança: a possibilidade de controlar seu corpo. Nada justifica aquela onda de sentimentos ou sensação de que algo muito terrível está próximo e isso provoca em seu corpo, mesmo que adormecido, uma descarga tão grande que ao acordar ele estará molhado. O medo foi mais forte que a razão e o instinto. Paralisou e assumiu o comando fazendo com que todas as tentativas de acordar sequinho e orgulhoso fossem embora com os lençóis, que novamente vão precisar ser lavados. Os pais terão a sensação de que algo está terrivelmente errado e a criança vai amargar mais uma vez a certeza de que foi vencido por um inimigo silencioso e assustador. O medo venceu mais uma noite.

Esse medo pode ter diversos rostos. Ele pode nascer das relações abusivas dos pais com seus filhos e nem sempre precisam estar na mesma geração. Nesse momento, o avô ainda criança que apanhava de seu pai aparecerá nas atitudes dessa criança que faz xixi na cama. Inegavelmente essas memórias de dor e descontrole estarão presentes nos olhos desconfiados da criança que espera pela manhã a absolvição nos olhos de seus próprios pais. Afinal, algo de errado sempre parece ter sido feito, mesmo diante de uma forma paralisante e desconfortável que lhe roubou momentaneamente os sentidos. Essa criança coloca para fora o medo de seu próprio pai e, diante disso, dá lugar a uma frustrante dor de não conseguir o reconhecimento que lhe cabe.

À flor da pele

A pele é o mais extenso órgão do corpo humano, porém sua grandeza não para por aí. Também é muito mais que simples composto genético que possui a função de nos proteger e nos emprestar cor e beleza. Um órgão que segue se espalhando de forma tão macia a ponto de cobrir músculos e ossos com a leveza de uma nuvem que armazena água, colágeno e a missão de nos fazer sentir o tato e o toque da própria vida.

Esse tecido tão bem elaborado é também um diário particular e secreto de nossos sentimentos e histórias. É nesses folículos todos que a chegada e a partida serão dimensionadas. Encontros e desencontros. Alguém sempre dirá que sentiu na pele aquela emoção que, muitas vezes, pode estar ligada também ao sofrimento. Como se a vida fosse entalhando em braile nossas experiências e emoções. É comum alguém tomado por uma euforia pedir: "toque-me para saber se estou vivo". Logo ela nos traz a certeza de tudo, inclusive da vida. Tão elementar e material é também uma tela para que nossas emoções positivas ou negativas se mostrem.

"Eu ouvi uma música que arrepiou minha pele." "Me belisca para eu acreditar que é verdade." "Esse encontro foi uma coisa de pele." "Essas palavras caíram tão bem que parecem uma segunda pele." Algumas dessas expressões nos dão uma breve noção do que esse órgão é capaz de nos informar. No entanto, a mesma pele que arrepia é a mesma que arde, se desfaz em ferimentos que aparecem de formas inesperadas e diante de situações que desejamos ou repelimos toques, pessoas, histórias, lugares e situações.

A pele que antes permanecia calma e em sua função tão importante quanto silenciosa grita irritada, muda de cor, empalidece, fere-se, arde, queima e grita, mesmo que no silêncio de um sintoma que traz consigo inúmeras histórias.

O que faz queimar, ferir, sangrar a pele, antes feriu outras dimensões e pessoas. O que busca mostrar uma criança que, toda vez que o pai viajante chega, manifesta uma alergia que tira da família toda a paz da chegada? Diversas dinâmicas que podem se manifestar. Uma dessas histórias revelou que essa criança que ficou tanto tempo à espera do pai manifesta seu afeto dessa forma. Assim ela terá mais contato, presença e o toque que tanto fez falta, mesmo que sem confissões.

O sentimento virá à tona da forma mais visível possível e a pele será como uma grande tela, para que a dor da ausência e a alegria da chegada sejam vistas e, muitas vezes, classificadas como apenas uma irritação na pele.

Nessa mesma pele, frequentemente sentimos que o corpo vai ganhando uma temperatura inadequada que a medicina classifica como febre. Um aviso que chega rapidamente e em geral é persistente. Uma mensageira que diz que em algum lugar do corpo uma infecção instalou-se e que coloca em risco toda a perfeita máquina humana. Saber o local dessa infecção pode mostrar o caminho para a cura.

Se, por exemplo, esse lugar atacado for a garganta, precisamos prestar atenção no que precisa ser engolido contra a vontade e que pode provocar a sensação de ferimento ou ardor nesse órgão. Também doem todas as palavras caladas e negligenciadas dentro de si. Outra dinâmica é estabelecida pelo medo. Aquele nó na garganta que parece ser apenas emocional ganha vida e é como se literalmente nos pegasse distraidamente pelo pescoço em forma de uma intensa dor de garganta. É dom da pele avisar o corpo que a alta temperatura também pode denunciar uma culpa muito grande no sistema. A vermelhidão que nos faz enrubescer diante de um erro ou embaraço é o mesmo que colore um corpo febril.

Um adolescente que lastima todos os dias uma dor de cabeça forte e resistente. Exames, medicamentos, repouso e muita dor. Nada parece fazer sentido. Um dia qualquer, ele irá reclamar que a mãe grita quando deveria abrandar-se. Parece muito pouco para provocar uma dor com aquela dimensão. A perspectiva muda quando lembramos uma história de uma pequena comunidade de uma região distante e primitiva que ainda não tinham ferramentas eficazes para derrubar as fortes e robustas árvores que formavam uma densa e saudável floresta. Depois de tentar cortar uma a uma, os homens e mulheres sentiram-se derrotados. Cansados e sem outra saída, foram até um sábio que os orientou a cercarem a floresta e deixar sair de suas gargantas os mais profundos e tenebrosos gritos. Cada um lembrou dos gritos que ficaram presos a vida toda, por incontáveis motivos, e logo os berros foram ouvidos. Gritaram suas dores, amaldiçoaram suas frustrações e deram vozes aos adjetivos mais negativos que cada um lembrou. Não eram apenas gritos, eram palavras impensáveis, sentenças duras e com uma exímia crueldade. Primeiro caíram as flores e frutos, logo após as verdes folhas tornaram-se ao chão mesmo antes do outono. Em pouco tempo, os galhos estavam estremecidos e isso eram apenas sintomas das raízes que, num misto de medo e susto, desfaleceram. A queda de seus troncos foi apenas uma consequência de uma guerra que foi vencida pelos gritos presos. As raivas ganharam volume e força a ponto de transformarem a jovem floresta em um campo seco e agora quase sem vida.

A mãe, ao ouvir essa história, lembra-se de que muitas vezes fala aos gritos sem perceber. Também entende que o filho é muito mais frágil que aquela imensa floresta. A dor de cabeça é apenas a mensageira da impotência e a desvalorização sentida pelo filho. Os gritos e a dor, que era apenas um sintoma, podem agora ir embora.

Uma ponte desafiadora

Adolescência é uma ponte para a vida adulta que pode ser muito desafiadora. A complexidade dessa fase nos leva novamente para a balança e lá estão as contribuições de vida que recebemos de nossos pais. Um mapa de mundo nos foi desenhado e será agora uma bússola que, como missão, irá apenas direcionar o caminho que agora ganha novos contornos e um impetuoso condutor. É hora de comparar tudo o que foi aprendido com uma realidade que agora parece ser maior. O mundo chama e é preciso dar respostas com a mesma velocidade. Ser aceito ou não será uma questão de como foi seu contato com seus pais e com a história que eles viveram.

Nesse cenário, a criança que teve um contato equilibrado com seus pais traz memórias de que o diferente pode ser amado e aceito. Quem viu o diferente ser hostilizado poderá experimentar esse sentimento. O respeito das forças feminina e masculina está posto e agora apenas mostra os resultados da criança que, acolhida ou não, olha para o mundo pelas lentes que recebeu ainda na primeira idade.

Novamente, quem teve acesso à força dos pais de forma livre e sem limitações passará por essa fase com menor turbulências. O impedimento de acessar o amor da mãe ou de seu pai por quaisquer motivos virá em forma de fragilidades agora. Os vícios, compulsões, mutilações, transtorno e comportamentos análogos a estas situações ganham a velocidade de uma tempestade tropical que, com mais algum impulso, poderá se transformar em um tsunami incontrolável e avassalador.

Meninos e meninas terão pela frente ainda outras transformações. O amadurecimento mais acelerado da adolescente trará essas mudanças mais cedo, porém não menos intensas. Essas fases vão preparando para a chegada da sexualidade. Essa realidade traz uma visão que até então não era percebida: o adolescente descobre que existe afeto e aceitação fora de casa. A parceira vai ofertar para ele também a busca pela mãe e a menina impreterivelmente também buscará em outros braços a figura do pai, seja ela marcada por uma vivência ou renúncia, afinal buscamos nos parceiros o primeiro amor de nossas vidas, nossos pais. Esse sentimento irá cruzar nossas vidas também um pouco mais tarde quando os relacionamentos se tornarem mais estáveis e um pouco mais maduros.

Os hormônios e os sentimentos parecem fios enrolados prendendo uns aos outros com uma força difícil de ser entendida por quem, de fora, contempla o desenrolar da vida. Jura amor eterno e, no próximo minuto, um ódio descomunal parece apagar todos os momentos de intensidade. A roda da vida tem a seu favor toda a efervescência hormonal e, também, a guerra de quereres como uma ferramenta infalível e altamente sedutora para que logo outros seres sejam chamados para a vida e ajudem a desatar os emaranhados daquele sistema.

A sexualidade é um momento de corte com a família de origem. Aqui começa um leve distanciamento dos pais rumo à sua jornada de vida. O adolescente sente o prazer de seguir sua trajetória e ao mesmo tempo o desconforto de ensaiar o processo de deixar a casa dos pais.

A adolescência vem coberta por invólucros que serão compreendidos apenas se observado que os limites serão importantes, mas que muitas de suas dores e aflições ou até mesmo as frequentes crises de identidade refletem muitos outros membros da família, que encontram na espontaneidade e irreverência desse jovem a força necessária para dar voz aos próprios anseios e contradições.

Roteiro para dois

Um relacionamento é uma espécie de viagem que coloca em prova todos os nossos desafios. Pode ser considerada a maior universidade que temos na vida.

O contrato assinado em um relacionamento nem sempre mostra de imediato todas as cláusulas. Assumimos, inebriados, alguns compromissos que, mais tarde, teremos alguns desafios para honrar.

Cada um vai precisar apenas do essencial para que esse roteiro seja possível, mas nesse pequeno enxoval estará também toda representação de seu próprio sistema. Cada parte buscará em sua bagagem elementos para que possa seguir a viagem ao lado de seu companheiro.

O relacionamento, ao ser comparado a uma viagem, terá suas alegrias, chegadas, saídas. A bagagem leve do início poderá pesar um pouco mais. O casal que na maior parte do tempo esteve lado a lado, em outros momentos será convidado a voltar o olhar cada um para sua história. São os encontros e desencontros do amor e suas momentâneas interrupções.

Alguns casais aproveitarão essas pausas para reequilibrar suas energias e seguir em frente. Como se a cada cansaço ou desgaste pudessem sorver um gole das gélidas águas da montanha para recobrar suas forças e ânimo para seguir em paz e ladeados pelo amor. Na manhã seguinte, talvez os pés nem doam mais como na noite anterior. Alguns abraços depois, o peso da estrada e das mochilas serão leves como no começo, e estes certamente chegarão ao topo da montanha, alguns dias depois de vivenciar muitas primaveras e invernos de suas existências.

Para outros, essas paradas não terão o mesmo desfecho. Em uma esquina qualquer do caminho, um dos tripulantes dessa viagem sentirá que algo não vai bem. Um cansaço de mansinho, uma insuficiência que parece tirar a beleza do caminho. Um olhar um pouco mais perdido no horizonte que nem sempre volta vazio. Outro caminho que antes parecia inexistente vai tomando forças e, quando se percebe, será para eles o fim de uma viagem em conjunto e o começo de uma trilha individual. Essa decisão não deve mudar a beleza das manhãs de domingos tranquilos, nem o entardecer que tantas vezes foi belo o suficiente para mantê-los felizes e amorosamente aquecidos. Para muitos, a dor de uma caminhada agora solitária pode ser devastadora e insuportável.

É importante dizer que esse companheiro de viagem que agora segue só não poderá apagar os quilômetros que andaram lado a lado. Com toda a força que possui, nenhum desses amores poderá ser catedraticamente desprezado. Para quem decidiu seguir só, ficará a responsabilidade de agradecer a companhia que teve e que foi suficiente para que ambos percorressem aquele trecho, com dores e prazeres. Mesmo que diante de uma caminhada um pouco mais desafiadora, o outro esteve ali e tão somente por isso deixará em alma alguns laços que precisam ser acolhidos e respeitados. Não existe borracha suficientemente boa que possa apagar os traços que escreveram aquele trecho.

Para quem foi surpreendido pela decisão do outro poderá ser um pouco mais doloroso. O fim de um relacionamento dirá muito sobre nós, sempre. Nele também estará refletido novamente o relacionamento com nossos pais. Talvez seja nesse momento que a criança ferida salte do nosso peito e implore para não ser deixada sozinha no caminho. Os abandonos agora gritam muito mais alto que toda e qualquer razão. Um adulto teria uma posição diferente, mas só crescemos o suficiente para vivenciar uma separação de maneira lúcida e sem tanta dor quando conseguimos de fato acessar nossos pais e seguir para nossa vida.

O tempo cronológico não pode fazer muito por nós. Nessa narrativa, o que poderá nos salvar do sofrimento é o tempo afetivo que diz mais sobre o quanto de amor conseguimos dar e receber com gratidão do que quantos invernos somamos em nossas existências.

Depois de um adeus, o luto é praticamente inevitável. Ver o outro partir muitas vezes nos levará a uma negação do que houve. Essa dor tão incômoda é muito importante para que possamos um dia seguir em paz. No entanto, depois da despedida de corpo presente, lidar com a ausência nos colocará diante do caos. Um caos absolutamente necessário, afinal uma nova rota terá que ser traçada e esse momento de angústia é como se, de alguma forma, o nosso sistema de GPS estivesse por alguns momentos se desconfigurando.

Não saber o que fazer e nem para onde seguir trará um sentimento muito conhecido e pouco agradável, a raiva. Ela apenas se repetirá, pois em algum lugar da nossa alma ela esperava ansiosa para finalmente pensar e dizer o que calou por tanto tempo. Talvez ela se concretize nas palavras que mesmo discordando calavam-se. Agora que os pratos estão quebrados e ao chão, aquela perfumaria toda que o amor traz é facilmente derramada e os arranhões talvez virem feridas crônicas e fraturas expostas.

Depois de olhar para o campo arrasado que a separação deixou, talvez em uma manhã ainda cinzenta, alguns questionamentos parecem interromper o silêncio daquela recente solidão e questionar os motivos. Haverá uma intensa negociação entre o que poderia ser feito e as possíveis falhas no percurso. Nessa fase, estarão em pauta todos os abraços negados, negligências e tudo que para quem ficou pode ter sido motivo para quem partiu. Durante algum tempo, a hipótese será uma espécie de certeza que servirá para aplacar e proteger do momento de intensa dor. Depois que a barganha de tentar de outro modo não apresenta resultados, inevitavelmente teremos que seguir só e isso nos levará a uma noite com pouca luz e ainda com abandono.

A próxima fase é aquela em que se abre a mochila e observa-se o que restou. O resultado pode não ser o esperado e trazer um momento de profunda depressão. Ela se apresenta de algumas formas e uma delas é uma prostração diante da vida. Nessa fase, também poderá se apresentar uma necessidade de cuidados com quem se foi, como se o fato de deixar o outro bem aplacasse as próprias dores.

Um raio de sol nascerá novamente quando finalmente o viajante, contrariado com o amor que viu partir, puder olhar para trás e perceber que aquele foi o companheiro ideal para aquele trecho da estrada. O amor teve a intensidade exata para existir durante os breves meses ou longos anos. Os frutos desse relacionamento seguem, seja estampado no rosto de um filho ou numa lembrança bonita que um dia despretensiosamente roubará um sorriso. Nesse momento, haverá paz e a possibilidade de um amor sem os reflexos no espelho da alma. Não existe um tempo limitado para isso, mas passar para a próxima fase com harmonia e felicidade dependerá desse olhar terno de concordância e afeto.

Portanto, mesmo que o coração concorde em deixar partir e seguir adiante, esse não será o último capítulo desse amor. Assim que o novo amor chegar para um novo trecho da viagem, a história desse amor precisará ser honrada para que a próxima possa ser feliz. Ele terá um lugar e isso não significa nutrir sentimentos, mas olhar com dignidade e consciência. Quem chegou precisa também ter o devido respeito com quem esteve ali, afinal, essa felicidade que agora vive o novo casal só foi possível através daquele rompimento que cedeu um lugar ao novo, e isso precisa ser reconhecido.

Existe um risco muito grande em não resolver esse conflito com um antigo amor. Todos os desafios que lá atrás ficaram serão refletidos no espelho na nova história. Os filhos que vieram desse relacionamento também precisam ter um lugar e esse lugar é uma posição hierárquica com os novos irmãos. Na ordem dos irmãos, quem veio antes sempre será o primeiro. A prioridade agora é o relacionamento atual, mas a precedência sempre será dos filhos. Não dar um lugar para uma história assim pode desenvolver algumas dinâmicas, uma delas é que o novo filho do casal tome partido e represente o antigo amor que grita por um olhar de compreensão.

A maneira desse filho entrar em ação poderá ser física ou emocional. A constante posição desafiadora com os pais, como se apresentasse uma rivalidade constante que pode gerar muitos dissabores e crises. O corpo também responde, a asma, por exemplo, e até a dermatite atópica podem ser a voz que trará a mensagem dessa desordem. O parceiro também não está imune a essa situação, muitas vezes isso virá em forma de uma demonstração explícita de ciúmes sem explicação.

Uma boa parte dos separados na viagem voltará para a casa dos pais ou avós. Isso não se dará apenas por questões práticas, mas traz a possibilidade real de que esse filho tome o que lhe falta de casa. Em muitas casas, ele será esperado como se dela nunca tivesse saído. Um quarto ainda intacto e preparado como no dia que ele saiu. O cardápio preferido ainda perfuma a cozinha da mãe. Ele de fato pode ter nunca deixado de ocupar aquele lugar e a volta pode trazer um misto de alívio e pertencimento.

Muitas vezes, é no campo de intervenção sistêmica que a representatividade torna possível um reencontro seguro com esses amores não vivenciados ou resolvidos. Diante dos representantes talvez seja possível reviver a intensidade, permitir o que não foi sentido e despedir-se em paz. Olhando em seus olhos, talvez seja possível dizer: "Agora eu consigo ver você e tudo que nós vivemos. Lembranças boas eu guardo no coração e me responsabilizo pela minha contribuição em não ter dado certo por mais tempo. Eu te libero e peço que me libere também".

A dádiva do recomeço!

O recomeço é um capítulo delicado e precisa ser tratado com o papel que literalmente possui, aquele de formatar uma nova história. Nele, não cabem comparações, projeção e muito menos a missão de substituir algo. O que foi sempre será e, por isso, possui o seu lugar.

Outro fator determinante aqui é a compreensão dos motivos pelos quais o relacionamento anterior se findou. Isso leva também ao entendimento de que, assim como o parceiro, também teve suas responsabilidades e que isso poderá seguir com ele, inclusive como forma de aprendizado.

Quando se atinge essa maturidade, logo chega o sinal de que é possível seguir para um novo relacionamento e uma bandeira branca se estende, para que o novo casal possa escrever agora sua própria história.

Diferentemente do sinal de paz estabelecido pela bandeira branca que observamos no trecho anterior, algumas outras bandeiras que surgem inesperadamente podem causar sensações até então não experienciadas pelo casal.

Brigas constantes pelos mesmos motivos. Para quem está envolvido, é um processo desgastante, mas nem sempre pode ser compreendido pelas partes. Algumas vezes esse casal irá vivenciar lealdades de suas próprias famílias e outras vezes reafirmando seus desejos de pertencimento.

Ambos podem também se entregar à missão de resolver o que no passado ficou em haver com seus pais, avós e outros. O motivo que sempre gera a briga também pode trazer respostas, pois possivelmente também se repete o motivo, e isso é um dos sinais mais clássicos da repetição de histórias.

Quando tratamos dessas repetições, precisamos estar atentos também ao simulacro de sentimentos. Uma raiva espelhada de relacionamentos anteriores pode fazer de uma pessoa que nada teve com aquela experiência uma vítima que não entenderá o motivo da agressão, muitas vezes gratuita. Uma mulher que cobra do marido, por exemplo, o que o avô no passado fez para sua então esposa.

O motivo é o dinheiro. Três gerações e o pivô das desavenças permanece inalterado. Passado, presente e talvez futuro. Um homem controlador tomava sozinho as decisões sobre o dinheiro da família. Subordinada, a esposa assistia tudo com um pacato silêncio, porém não sem dor.

Com o passar dos anos, o desejo dessa mulher de controlar a própria vida financeira irá ganhar, de alguma forma, forças. O seu desgosto por ver as finanças se esvaindo sem seu consentimento emitiu um sinal de que aquele padrão precisa mudar. Essa raiva deu origem a uma injustiça no sistema que ela mesma vai tratar de equiparar.

Com a morte do marido, a situação que se arrastou por tanto tempo está temporariamente resolvida. O dinheiro agora irá de forma natural para as mãos que sempre ansiou auxiliar em sua administração. Agora não existe lei para os gastos. A mulher já idosa e avó seguirá fazendo com os proventos tudo que lhe foi negado, e isso vai de desejos mais complexos até os que podem parecer mais banais, como um almoço farto no dia dos pais para uma família que agora se reúne mais leve ao redor da mesa.

No entanto, a injustiça ainda seguirá por mais alguns capítulos para ser equiparada. Mesmo que não tenha plena consciência dessas histórias, o sentimento de não querer dividir as decisões sobre seu dinheiro vai assolar a vida de sua neta. Mesmo que nessa nova casa o dinheiro não falte, continuará sendo motivo de discórdia. O motivo, relembro, é dinheiro; sua fartura ou escassez são apenas detalhes. Os sentimentos já estão postos e apenas os atores são diferentes. Aqui finalmente vamos compreender que as cenas, assim como as brigas, se repetem.

A mulher que não teve controle sobre o dinheiro vai encontrar guarida na voz da sua descendente que agora segue ganhando a própria vida e gerando suas riquezas. Para essa neta, entregar o controle de suas finanças para o cônjuge poderá ser desafiador. Ela talvez exerça a missão de devolver a dignidade e a importância para as mulheres de seu sistema.

O conflito transgeracional poderá ser resolvido de fato quando finalmente a avó for compreendida em seus anseios e dores. Ao lançar esse olhar para a matriarca, a neta poderá entender que a necessidade de manter o controle é também de sua avó e que ela não corre riscos em compartilhar esse controle. Será muito mais leve para ela administrar essas situações quando entender que esteve a serviço esse tempo todo e que o seu sistema ganhou em suas ações uma chance de reparar algo que durante muito tempo esteve no território do injusto.

A raiva espelhada agora finalmente pode partir, pois ela cumpriu sua missão como mensageira de uma anomalia naquele sistema. Algo se resolve e o casal agora poderá passar pela bonança de forma consensual e feliz.

Portanto, nem sempre as brigas obedecem a essa dinâmica. Nem tudo é o que apresenta ser. Em toda briga, existe uma mensagem esperando para ser finalmente decifrada. Ali estão as nossas dores e, muitas vezes, as feridas de todo o nosso sistema. Gritam histórias e um frenético movimento trata de alinhar tudo o tempo todo.

Geralmente o cônjuge estará em nossas vidas para auxiliar no processo de inclusão de nossos próprios pais. Isso se dará por situações diversas, mas a dinâmica mais recorrente será a de dar um lugar que normalmente foi diminuto ou insuficiente.

Uma filha que com olhar de impaciência observa e cobra mais dinamismo da própria mãe, que responde com uma dose extra de letargia, como se deslizasse com tranquilidade pela existência. O julgamento e a cobrança vão permear essa relação causando muitas vezes uma repulsa nesse relacionamento. O desencontro maternal não estará superado. Uma cena futura será a oportunidade perfeita para que a exclusão seja reparada.

Casada, a filha conhecida pela agilidade e dinamismo estará cara a cara com o perfil de sua mãe, mas que agora tem o rosto de um marido. Em uma relação que ela mesma escolheu terá pela frente o desafio de olhar, dessa vez com amor, tudo aquilo que não fazia sentido em sua mãe e que provocava os mais arredios sentimentos.

Para essa filha, restará duas saídas. Esse reencontro com os sentimentos indesejados poderá pôr um novo fim em mais esse relacionamento. Afinal, o que é capaz de nos separar do amor de uma mãe poderá ter força de nos separar também de quem veio depois, inclusive o parceiro.

No entanto, no fim desse túnel, que mais parece uma peça pregada pela própria vida, vai se acendendo uma luz calma e sem muita pressa. A energia que manterá essa fagulha acesa será a paciência e a decisão de amar, apesar de todas as diferenças.

Além de proporcionar essa inclusão de algo não visto ou julgado em nossos pais, ainda existe uma dinâmica de projeções. Nesta, a pessoa projeta expectativas de que o companheiro preencha tudo aquilo que ele não acessou de seus pais. Esse é o território das incompreensões.

Para a terapeuta se apresenta uma mulher preocupada. O assunto é relacionamento e a dificuldade que ela tem de ser tocada pelo parceiro. As recusas frequentes formaram um campo de insegurança e dúvidas.

Ela não consegue explicar o que também não entende. A falta de motivos ou explicações deixa o relacionamento ainda mais distante e logo as incertezas tomam o espaço da cumplicidade.

Quando o campo se abre, o movimento vem disposto a contar histórias, tendo a consciência de que a cura é também possível através delas. Lá estão posicionados os membros do seu sistema, cada qual em sua posição para que o enredo seja compreendido.

Enquanto acompanha emocionada os movimentos, através de suas memórias consegue adentrar e visualizar o ponto nevrálgico da dor. Diante dos seus olhos, salta uma avó tratada com violência e abusos. Naquele momento, é possível contemplar a pequena casa de madeira que até poderia ser um lar, mas que perdeu sua identidade para a violência.

Com os olhos cerrados em dor, ela descreve o exato momento em que a porta da velha casa de madeira se fechava. Os filhos lá fora podiam ouvir apenas uma trilha sonora que delatava uma violência que chegava com olhares, progredia para o físico e também violava a alma.

Acuada, a mulher, momentos depois, abria a porta, mas escondia o olhar úmido e marcado. Os filhos, acostumados com aquelas cenas, procuravam não ver mais que o necessário, uma forma de se protegerem daquela invasão tão grosseira e brutal.

Um dia, toda aquela dor empurrada para debaixo do tapete teria uma força mortal. Depois de toda injustiça, uma força de equiparação se movimenta e isso nem sempre acontece de forma leve. Nessa história, ela veio com a velocidade de um furacão, mas em formas de labaredas que, depois de provocar a dor necessária, também deu fim à vida.

Um dia, sem esperar, o agressor fechou a porta, agrediu e violentou a mulher pela última vez. Diante dos próprios desafios ele também seguiu para o seu destino. Foi abraçado pelo fogo que acendeu e desse aperto não pode livrar-se. Dias agonizando e a morte chegou para, enfim, transpor sua alma daquela experiência.

Mesmo diante da violência e da morte trágica, a dor daquela mulher e sua repulsa por ele ainda parecia vagar pelo seu sistema.

Diante do campo, finalmente a neta entende o olhar para seus avós. Ambos com seus desafios e dores, porém ela toma para si as dores da avó violada e segue sentindo repulsa dos homens, inclusive do marido.

Mesmo que na nova casa tudo seja conscientemente consensual, uma dor desconhecida parece aflorar diante de qualquer gesto de intimidade.

Nem mesmo o amor que ela diz sentir pelo companheiro será mais forte que o desejo de lealdade às dores sentidas no passado pela avó.

O campo deu para essa mulher uma oportunidade libertadora. Olhando nos olhos representados dessa avó, sentiu que essa dor que carregava não era dela e poderia então deixar com a avó essa responsabilidade e seguir para sua própria vida e sentimentos.

Não será apenas isso. O olhar tem um poder tão curativo que não podemos mensurar todo o seu poder. Apenas esse sentido pode levar luz às mazelas da alma e tirar da invisibilidade tudo que precisa ser visto. Existe uma troca muito intensa nesse movimento. O sistema todo ganha uma oportunidade de justiça e regeneração e quem olhou conquista a liberdade de seguir e poder fazer de forma diferente.

Diante dessa realidade, o avô também ganha seu próprio lugar e o marido não receberá mais projeções de realidades das quais ele não participou. Sua companheira agora estará segura em compartilhar com ele tudo o que o casamento e a sexualidade lhes reservam.

As brigas também podem vir como alívio da pressão de uma proximidade que se apresenta de forma sufocante para um ou ambos. A mesma força que repele voltará a atrair e, como se fosse um ímã, o outro será convidado a retornar ao seu lugar de origem muitas vezes com uma atração mais forte.

Nesse tempo que o conflito mantém o casal afastado, ainda estando na mesma casa, algumas dinâmicas acontecem. O homem tende a estar com outros homens buscando resgatar a sua essência masculina e a mulher também se volta ao feminino de algumas formas, inclusive, também na companhia de outras mulheres.

Esse movimento pode trazer um período interessante para o casal. Aqui se fortalece a dinâmica em que cada um precisa ser suficiente para si, mas que ambos, caminhando juntos, possam transbordar em algo bem maior.

Exemplo disso é que diante de uma separação, ao ver que o outro retomou sua vida naturalmente, o sentimento de perda pode aflorar e aproximar um recomeço.

Sogra e sogro

Um casal apaixonado nem sempre se dará conta de tudo que levará para casa com o casamento. Além do sabor adocicado do amor, ambos levarão consigo suas famílias inteiras e isso inclui mães e pais, com qualidade e outros aspectos que nem sempre serão de fácil compreensão.

A diferença é que agora o pai e a mãe possuem outras funções, pois serão conhecidos como sogros e sogras. Apenas ao ouvir essas nomenclaturas algumas pessoas sentem o arrepio de lembranças emocionais ruins. Para outras, essas expressões surgem leves e é como se literalmente fossem parte agora daquele sistema.

Para aquele que teve um relacionamento desafiador com seus pais, o processo apenas se agravará. Por outro lado, receberá com o casamento a oportunidade de trabalhar e realinhar o olhar, respeito e pertencimento dessa relação.

Uma espada de dois gumes, afiada e que pode servir para equilibrar e dizimar relacionamentos. Uma linha muito tênue sempre irá cercar essa relação. Os que conseguiram ver e amar os próprios pais terão nestas figuras um ponto de apoio e afeto.

Porém, alguns erros no percurso poderão fazer virar um inferno o que era céu. É preciso entender que o lugar de pai e mãe é um território sagrado e marcado. Lá, nenhum substituto floresce. A mulher que se fizer mãe do seu marido encontrará nos olhos da sogra toda hostilidade e fúria de uma leoa desafiada. Nessa batalha, a chance de que ela seja vencida é evidente.

Ela veio depois e tem uma posição diferente na vida daquele homem. Uma mulher deu a vida, cuidou e permitiu que ele estivesse pronto para seguir com a vida ao lado de uma companheira. Com erros e acertos, ela é a mãe ideal para aquele filho. Sem julgamentos e compreendendo o amor que une mãe e filho, a nora poderá ganhar respeito e afeto da sogra. Ambas se olham e sabem que amam de forma diferente e complementar aquele homem.

Será extremamente difícil encontrar um bom sogro para aqueles que não conseguiram através das lentes da vida encontrar harmonia com seu próprio pai.

Outra dinâmica que pode se desenrolar é a substituição dos pais. Quem ainda não recebeu o suficiente dos seus pais, pode procurar afago e acolhimento no ninho de outra família, tornando-se o filho dos sogros.

A força criativa do amor

A mágica sensação de estar diante de quem se ama não pode ser explicada. É um misto de sentimentos e sensações que nos transportam para uma condição de que tudo fazemos para que o outro siga feliz e sendo a razão que agora chamamos de felicidade.

A energia criativa do amor é tão grande que precisa de várias linguagens para que possa pelo menos traduzir parte do que se sente. Para o amor, são dedicadas as canções e por ele vivem e respiram os poetas. Obstáculos são transpostos e questões são resolvidas para que essas vidas sigam juntas, assim como decidiram.

Essa relação de preocupação, cuidado e troca é também a mola propulsora para que essa relação prospere ou não.

Pode ser uma questão apenas de presença ou de apoio. Em outras circunstâncias, pode exigir mais cuidado, como se esses pequenos e grandes gestos deixassem o mundo um pouco mais macio e com um misto de brilho e esperança.

A ótica do amor pode muitas vezes contrariar a versão apresentada pela razão. Quem ama oferece um serviço perfeito em detalhes. Enfeita a vida e observa o desenvolver do outro pelos caminhos da existência.

O amor frequentemente é um café passado para aliviar o cansaço, mas também pode ser uma declaração de batom vermelho escrita ao alvorecer no espelho. Um amor que paga contas, outro que apenas observa de longe. Ele também pode ser a crítica que impulsiona reações. Um presente, uma ligação, o livro preferido e até a ausência necessária.

Mesmo que cada um tenha um caminho em comum, eles precisarão em alguns momentos olhar para um mesmo objetivo e, mesmo em suas diferenças, vivenciar o que almejam alcançar.

Eles precisam subir aquela montanha lado a lado e isso apenas será possível se o coração e o cuidado com o maior patrimônio que possuem estiver resguardado do egoísmo. Compartilhar e ceder aqui é uma regra que precisa ser respeitada com esperança e afeto.

Essa troca no caminho os fará frutificar. Esse motivo em comum pode estar no bem que um faz ao outro, em um projeto compartilhado, nos cuidados com um filho e em tantos outros sonhos que vão nascendo pelo caminho.

Essas vidas se encontram em duas coisas: no que desejam e no sentimento que nutrem, e isso basta para que a caminhada tenha o encantamento e as experiências necessárias para a missão que ambos possuem juntos e um pelo outro.

As lentes do amor

O amor pode sim ser cego, mas o casamento é um transplante de córneas que devolverá para os dois entes a visão. Toda névoa que o romantismo trouxe será dissipada pela primeira manhã ensolarada depois de um desencontro.

A convivência não permite o uso de máscaras e artimanhas. Dentro desse lugar comum, novamente nada se esconde por muito tempo. Tudo que parecia pequeno e simples demais para afastar duas pessoas, agora é observado através de uma lupa que revela e expõe até os arranhões mais leves. Tudo ganha uma importância que nunca havia sido mensurada.

Desse mergulho, muitas relações não voltam. Afogados em fatos e histórias que ganham uma força muito grande, recolhem suas ferramentas e nadam cada um para a margem que lhes traga mais segurança, muitas vezes em direções opostas.

Algumas dessas relações ainda serão salvas se o primeiro socorro chegar em tempo. Um dos remédios mais eficazes é o conhecimento e a humildade na percepção dos sinais e erros. Ambos podem olhar para suas próprias dores e mesmo diante disso tomar a parte que lhes cabe de responsabilidade e recuperar a bússola que os levará para um lugar tranquilo novamente.

Outros conseguem a beleza de um nado sincronizado que torna as ondas menos revoltosas e que aos poucos se tranquilizam, transformando o agitado rio das emoções em um lago tranquilo e navegável.

Depois da paixão que nos empresta a sensação de olhar e não enxergar, o amor vem no papel honroso de um professor que só sairá de cena quando a lição for ensinada e quando seu aluno puder navegar em segurança.

Cumplicidade

No começo, bastava um olhar. Muitas vezes, até os pensamentos podiam ser decifrados. Aquela sensação de que o outro conhece tanto sobre você que nada precisa ser dito ou combinado, aliás, combinar é uma palavra da qual nos julgamos peritos quando enamorados.

O calendário dos sentimentos é regido de forma diferente. Nele, os dias transformam-se em anos e, sem que possamos esperar, o tempo passou e com ele vêm as mudanças que juramos impossíveis de acontecer. Nesse território, não existem certezas futuras, apenas o presente, e é nesse tempo que mora tudo o que de fato temos e precisamos. O ontem já foi e o amanhã é incerto.

Diante do outro, descobrimos que todas as palavras não ditas e sentimentos não expressados farão muita falta. Nem sempre essas conclusões chegarão ao casal através de uma conversa sutil, afinal, é sobre a falta de comunicação que estamos falando.

A mensagem escolhe muitos meios para chegar, mas as pequenas e grandes frustrações costumam ser as ferramentas mais utilizadas. Os acordos não firmados no começo da relação agora provocam insatisfações e logo atenderão pelo nome de cobrança.

Quando a cobrança percebe que não ganhou território e que perdeu forças, tentará o caminho da imposição. Aqui a chance de um rebote contrário é praticamente certa. Desrespeitado, o outro sente-se autorizado a afastar-se e resistir. Sua dignidade está em jogo e ele fará todo o esforço que conseguir para frear esse movimento.

O próximo passo pode ser a ameaça e ela terá o poder de azedar o que já não tem mais um doce sabor. O que ameaça poderá ser deixado antes que possa partir. Ele perde forças e poderá ser surpreendido.

Uma dose de equilíbrio e empatia poderá mostrar o caminho na solução para esses desafios. A comunicação terá um poder orientador e curativo.

Uma pessoa que não diz o que deseja ou da maneira que gostaria de ser tratada repete o que faz uma criança que ainda não sabe usar as palavras. O adulto que ainda espera que alguém adivinhe o que ele precisa e quais são suas necessidades ativou sua criança.

"Uma cliente procura a terapeuta com queixas sobre seu casamento. O sentimento é que ela não recebe do marido o reconhecimento que gostaria de ter. Tudo incomoda, inclusive o servir. A invisibilidade causa um desconforto muito grande e ela busca respostas".

A terapeuta questiona quais as mudanças que ela gostaria de ver no marido, mas a resposta é novamente vaga e a certeza de que ela também não sabe o que completaria o vazio que agora é tão evidente.

Aquele homem pouco ou nada poderá fazer por aquela mulher. Ela ainda busca o colo e o olhar dos pais, e isso a relação não poderá lhe ofertar o bastante. Essa dinâmica poderá se apresentar inclusive para os filhos, que tudo tiveram sem que pudessem pedir. Ele espera ainda o olhar decifrador e cuidadoso de sua mãe e os elogios tão presentes do pai. Não ser observado com a mesma devoção será desafiador e triste para esse filho dentro da atual relação de casal.

A comunicação sofre nesses casos uma interrupção e, em silêncio, o relacionamento vai se esvair até que a última gota de tentativas escape por entre os dedos.

No campo das constelações, ela poderá receber de forma digna e amorosa o que precisa. Diante do marido, ela estará agora de igual para igual, não projetando nele seus pais. O merecimento chega e é possível que as palavras agora venham de formas mais fáceis e possam encontrar guarida e respostas no outro.

Dizer o que se sente e o que gostaria de viver ao lado da outra pessoa é desenhar para o outro um mapa assertivo que conduzirá essa relação ao sucesso.

Calar-se diante dos próprios anseios e exceptivas é vendar os olhos do outro e, mesmo em um território estranho, exigir que ele encontre o caminho e a direção dos teus olhos e emoções.

Outra dinâmica aqui é o peso que se lança nos ombros do parceiro que, no escuro, precisa tatear nossas emoções e muitas vezes, mesmo na intenção de fazer o melhor, acaba por tocar em pontos doloridos da história do outro, e assim muitas guerras começam dentro de casa. Um ambiente sagrado que vai perdendo a sua essência até tornar impossível qualquer convivência.

Faces do amor

Imagine que você conhece uma pessoa fantástica e adorável e se apaixona por ela, mas logo descobre que ela não fala seu idioma e muito menos entende o que você tenta dizer. Mesmo diante dos teus olhos, você deixará escapar uma chance de ser feliz. Por mais que insista, quase nada se entende. Depois de algumas tentativas, frustrados, vocês seguem em direções contrárias.

Antes de partir, essa pessoa deixará em tuas mãos uma carta que, sem ajuda, você também não poderá ler em tempo. Algum tempo depois, ela finalmente poderá ser traduzida, e, em lágrimas, você descobre que ali naquelas letras carregadas de tanta emoção existe uma linda declaração de amor.

Uma carta que não pode ser entendida em tempo e que poderia ter selado uma bonita história de amor, mas a diferença de linguagem não permitiu que um acordo fosse possível.

Assim é o amor e suas maneiras e linguagens que nem sempre podem ser entendidas em tempo de evitar as dores e separações. Quando nos apresentam o amor, nem sempre nos contam que ele pode ter um diferente idioma para cada um.

Entender que cada um pode ter uma ou várias maneiras de receber e ofertar esse sentimento tão necessário nas relações. Essa dicotomia pode atravessar relações e determinar o fim de histórias que teriam tudo para prosperar.

Uma namorada que dedicadamente passa semanas preparando um presente muito especial. Tudo ali possui algo de único. Nada que se encontrasse em uma prateleira qualquer. O gosto dele foi analisado e, como se quisesse colocar dentro da bonita embalagem o seu próprio coração, ela fechou com cuidado e aguardou o momento exato para surpreender.

Uma expectativa enorme e absolutamente nada. Não surpreendeu. A frustração no olhar de quem ofereceu sua maneira de amar e não obteve a resposta esperada é visível a olhos nus. Um gosto amargo de não ver no outro a alegria que traria uma forte recompensa emocional.

Não havia nada de errado com o presente, muitos menos com a reação, mas ambos claramente não demonstram amor da mesma forma. Novamente não tem nada de errado, desde que tenham conhecimento sobre as formas de amor e que não exijam das outras pessoas reações projetadas em si próprias e em suas maneiras de amar.

Para quem recebeu o presente, a reação foi natural e repleta de boas intenções. O amor para ele não vem embalado em um bonito papel, mas o que terá a capacidade de alegrar de fato seu coração sempre virá embrulhado em belas palavras e ajustado em um caloroso abraço.

O amor pode ser sentido, compreendido de formas diferentes. Alguns se doam através de momentos de qualidade ao lado de quem se ama. Em uma tarde de outono, sentados em um parque. Um café da manhã, mesmo no dia mais corrido da semana. Isso se chama presença e essa é uma linda forma de amar, mas que para alguns pode parecer um programa sem muitos atrativos.

Outros amam ofertando presentes, uma vida melhor, possibilidades e até mesmo o sustento do outro. Esse amor é regido por um cuidado para que nada falte e também é incompreendido algumas vezes. Para quem recebe esse tipo de amor, é importante saber que o "Eu te amo", que é esperado a vida toda, pode ser uma assinatura sutil em uma folha de cheque para as despesas do mês. Inegavelmente existe amor ali, por mais que não tenha o calor esperado para os mais românticos.

Uma mãe que acorda cedo e arruma cuidadosamente o lanche do filho que vai para a escola, deixa nos alimentos e no cuidado um rastro de amor que ela, muitas vezes, não consegue verbalizar. O desafio será o receptor decifrar a linguagem e sentir-se amado, mesmo que essa forma de amor em forma de servir não seja tão familiar. O outro apenas aprendeu amar com um professor diferente, mas isso não exclui a nobreza desse sentimento.

Muitas vezes encontramos pelo caminho pessoas que, com palavras, conseguem acolher nossa alma e transbordar nosso coração. Ao mergulhar em nossos olhos, conseguem dar voz aos sentimentos que nem havíamos percebido que existiam por dentro de nós. São aqueles líderes que conseguem unir suas equipes em torno do bem comum com sinceros elogios e palavras que servem mesmo como propulsão para voos bem maiores. O amor aqui chega em prosa, versos e um bom diálogo.

Outros amores chegam em beijos doces e abraços apertados. Nesse modo de amar, o amor é de pele, contato e cafuné. A proximidade é o ponto alto. O que é o céu, para quem aprecia essa linguagem, pode significar contato demais para os que não conseguem ver numa carícia uma declaração de amor.

Em cada uma dessas linguagens do amor, existe legitimidade e beleza, basta que, com sabedoria, um olhe para o outro e reconheça os vários idiomas do amor. Não permanecemos na mesma linguagem o tempo todo, alguns passam por todas elas como em um labirinto, até que encontre a legítima forma que acalente seu coração.

Muitas dessas experiências trazemos da vivência de amor com nossos pais. Outros apenas na vida adulta compreenderão que foram amados, mesmo que sua ótica naquele momento infante afirmasse que não. Novamente, entender o amor dos pais será importante para que nessa nova experiência de afeto ele seja bem-sucedido. No entanto, nem tudo está perdido e aprender sobre o amor e suas linguagens poderá ser libertador.

Para uma criança, por exemplo, pode ser difícil entender o amor de uma mãe que ama sem dizer e sem muito tocar. Insistentemente, o amor parece ter sido ausente em sua infância. Não esteve. E existem provas de que somente agora são capazes de abrir as grades desse relacionamento com uma defesa imbatível. O amor chegava antes de a criança acordar, não em forma de um abraço caloroso e sim na mesa do café preparada com cuidado. Ele permanecia por ali o dia inteiro, enquanto as roupas eram lavadas e perfumadas para só depois voltarem dobradas.

O amor não descansava e se recusava a deixar a casa. Ele é que deixava a mãe acordada até que a filha finalmente entrasse pela porta depois de uma festa em uma madrugada qualquer. Era preciso conferir se tudo estava bem e essa é uma atitude de quem ama servindo.

O amor muitas vezes se faz invisível aos olhos destreinados. Isso nos faz pensar que precisamos ser alfabetizados para finalmente ler todas as mensagens de amor que recebemos durante a vida. Algumas dessas demonstrações de amor foram tão discretas que pegaram nosso bom senso despreparados para decodificar em tempo.

Isso leva a uma reflexão muito importante, pois nos preparamos para entender e responder com conhecimento em quase todas as áreas da nossa vida. Não acessamos o mundo do trabalho sem conhecimentos. Também não nos sentimos seguros em pilotar um avião sem treinamentos, mas conduzimos relacionamentos, muitas vezes, sem sequer conseguir vislumbrar o amor e suas diferentes formas de apresentação.

Esperar um "Eu te amo" de alguém que habitualmente não ouviu e por esse e outros tantos motivos personalizou outras formas de amar é como exigir que alguém te ofereça algo que nunca possuiu. Talvez o tempo e o conhecimento permitam que um dia seja possível dizer, mas isso não será a regra. O amor se despirá de palavras e, na maioria das vezes, virá vestido de atitude, serviço e cuidados.

Uma mãe que deixa um filho pequeno para ser criado para uma outra família também o amou. Ela talvez seja julgada e incompreendida, mas ao olhar para ela é possível ver que amou de tal forma que se sentiu impotente diante da missão de o conduzir e o sustentar. Esse amor fez com que a entregasse para não o fazer sofrer. Quando a consciência diz que o melhor caminho para aquela criança é seguir segura e longe de toda a expiação de sentimentos controversos de sua mãe, ela é liberada para seguir outro caminho, mas com amor. A criança seguirá com lealdade, apesar de agora ter outros pais que tutelam seu caminho.

O melhor amor é aquele que eu consigo interpretar da maneira mais fácil e mais leve. Esse sim faz sentido e consegue chegar ao íntimo da alma e de lá traz uma resposta positiva e uma força grandiosa.

Paradigma

Cada palavra possui um poder que nem sempre conseguimos mensurar. Muitos casais diante do altar ou até mesmo ao concordar em seguir um ao lado do outro pactuaram algo tão forte que talvez desconheçam a intensidade.

Dizer "sim" ao outro vai muito além de um rito ou consentimento de relação. O companheiro nunca vem sozinho, pois quando o aceite acontece, o seu sistema sente-se convidado a pertencer à nova história, na esperança de uma oportunidade de resolver algo e também ofertar serviços ao sistema que chegou. Ambos seguem para um mergulho profundo em suas histórias e curas.

Casamo-nos também com os familiares do outro, e isso muitas vezes assusta. Podemos acolher essa família com tudo que ela traz, mesmo que nessa bagagem alguns desafios estejam presentes. Aqui será importante o processo de compreensão de que dizer não aos familiares e negar a origem de quem se ama se tornará um "não" ao parceiro, e isso tomará uma força muito grande.

Uma esposa que não aceita e compreende a maneira de comportamento da família do marido – até mesmo a festa e a alegria que manifestam ao se encontrarem é desconfortável e a arrasta para seus próprios receios e traumas –, ela lutará contra seu sistema e tudo que a ele pertence, inclusive o marido e os filhos. Logo, ela perderá a oportunidade de cura com o diferente e fará da exclusão a ferramenta para afastar o que incomoda. Ele lutará pela dignidade caminhando com maior velocidade rumo à sua família de origem. Cada vez que observa a negação de sua essência, firma-se mais nela para que sua dignidade e pertencimento sejam reafirmados.

Uma das motivações desse comportamento é a busca por mudar o outro e automaticamente isso passa por afastá-lo de tudo que lembra e reforça esse comportamento. O fato é que o "sim" dito ao outro não parece ter sido integral, mas sim seletivo. Eu o desejo, mas me relaciono com a imagem do que eu gostaria de ver e quando me deparo com a realidade, tento exaustivamente modificá-la. O desafio é amar apesar de tantas coisas.

Quando é possível olhar para as diferenças com respeito e sem julgamentos, mudar fica mais leve e muitas vezes se concretiza de forma inesperada. Quando não existe uma disputa exagerada por espaços, ambos os lados soltam as cordas e permitem-se estar sem tensões maiores no lugar a que pertencem. Sem uma queda de braços, abraçar fica mais fácil e despretensioso.

Quando entendemos que o outro está o tempo todo ao nosso serviço e que retribuímos da mesma forma, entendemos que esse é um "sim" amplo, poderoso e que irá definir boa parte da nossa caminhada no relacionamento.

A benção dos pais e de outros ancestrais precisa estar presente para que o caminho seja menos desafiador. Muitas vezes isso não foi possível na situação e corpo físico, mas em alma, através de uma experiência sensorial é possível resgatar a chave que permitirá que essa pessoa faça diferente.

Conseguir fazer diferente e mesmo assim seguir com a benção dos pais é um processo de aprendizagem e respeito. Primeiro eu reconheço que não existe o certo e o errado, assim posso, sem culpa, encontrar um caminho mais seguro para minha relação, ciente dos emaranhados do próprio sistema e livre do processo de repetição.

A palavra "sim" é tão simples que para ela nenhuma tradução é necessária e nem eficaz. Outra palavra dificilmente abre os caminhos com a mesma competência. Nossa existência será marcada por essa expressão desde que nossos pais nos deram, através dela, o sinal positivo para a nossa existência.

Ao receber a vida dos nossos pais, recebemos a oportunidade de conduzir esse processo e, através dos filhos, permitir que o ciclo siga para além da nossa própria existência. Eles também estarão sempre dispostos a servir aos dois sistemas que agora se fundem neles.

Um sim é o começo

Um casamento faz com que dois mundos distintos se encontrem. Mesmo nos casais mais harmoniosos, temos uma engrenagem complexa que faz tudo acontecer. Um equilíbrio de troca muito forte será estabelecido entre ambos e isso fará com que a energia que chega ao outro na forma de gratidão leve essa relação para frente e alinhe as necessidades desse casal.

Outra palavra com vital importância vem na forma de um pedido. "Por favor, me apoie em meus sonhos, na minha jornada!" Ao fazer esse pedido, é como se eu abrisse em humildade o meu coração e emitisse ao outro a grandeza da sua presença em minha vida. O outro entenderá com sutileza e terá liberdade para nos pedir, "por favor, seja meu parceiro para chegarmos ao topo da montanha".

Essa expressão traz uma mensagem muito clara ao outro. Em outras palavras, seria dizer "Você importa para mim e com isso posso ir mais longe e ser melhor".

Outra palavra mágica é o agradecimento. Isso suplanta inclusive algumas das mais elaboradas declarações de amor. Quando se diz em uma relação "obrigado", reconhecemos tudo que recebemos do outro e ofertamos a certeza que vemos e observamos o outro em nossa vida. O "Eu te amo" aqui fica em segundo plano, pois o agradecimento é um amor que já tem consciência e, por isso, possui uma força maior.

Trocas e interpretação

Nem todo amor é cuidado da forma necessária para que sua vida útil seja longa e intensa. Quando o amor chega ao consultório, algumas possibilidades de socorro já se foram. Cuidar de um amor requer dedicação e conhecimentos que nem sempre estão disponíveis para aquele casal. As tentativas de salvar uma relação precisam ser vias duplas e nunca uma única e perigosa via mal sinalizada.

Não existe um manual prático para uma relação duradoura e feliz, pois as relações não possuem a missão de ser o que nós desejamos, mas as experiências que precisamos para avançar em nossas consciências individuais e coletivas.

Porém, o olhar sistêmico aponta alguns caminhos com menor potencial de confronto para os relacionamentos. Cada história se constrói de forma única e isso também exige respostas e posicionamentos singulares para que os emaranhados se dissipem e que o amor seja possível, apesar de tudo.

Além do cuidado com o outro e com tudo que ele traz, um grande território ainda terá que ser desbravado para que o relacionamento desenvolva em nossas existências todo o potencial traçado para aquela missão. Não importa apenas aos dois, mas aos sistemas que eles unem.

Um dos primeiros passos será deixar a casa dos pais, isso de forma literal e figurada. Além da cama que agora não está mais pronta e esperando o retorno daquele filho, emocionalmente ele também precisa fazer esse movimento. Não será para a casa dos pais que ele voltará a cada crise, mas que se volte para a própria relação e, junto com o parceiro, encontre saídas para aquele amor que precisa sobreviver.

O amor é o território mais fértil que se conhece. Ele é a energia que traz a vida e que rege as relações. Os frutos de amor, ou seja, os filhos, conseguem fazer de duas pessoas uma família. A falta deste filho pode muitas vezes deixar essa relação com a sensação de um vazio que nem sempre é compreendido.

A decisão de não ter filhos é diferente da infertilidade por parte de um dos cônjuges, pois afetará a vida de ambos e de dois sistemas que esperam novas oportunidades para resolver seus conflitos. Aquele que não pode ter filhos deverá olhar para o outro com justiça e liberar o parceiro para que tome a sua decisão de ficar ou ir embora.

Uma dinâmica muito parecida se dá com doenças graves que se apresentam em um dos entes. Acidentes que deixam sequelas graves e interferem diretamente na vida da família. O que foi acometido pelo mal súbito precisa também olhar com tanto amor e respeito para o outro a ponto de permitir que ele vá embora se desejar, mas também o suficiente para entender o esforço se o outro decidir ficar.

É fato que essas situações pareçam injustas, afinal é diante do altar que fazemos os pactos mais difíceis de nossas vidas, pois prometemos um amor futuro que nem sempre somos capazes de ofertar, afinal a vida acontece no presente. Também prometemos ficar lado a lado até que a morte nos separe, mas nem sempre essa é a morte física que conhecemos. O sentimento também morre quando a missão de um termina na vida do outro ou até mesmo diante de uma situação inesperada como uma doença, vício, infertilidade ou uma traição que nem sempre será sexual apenas.

O destino dos filhos também pode balançar o barco que leva o relacionamento dos pais. Uma criança que chega ou vai embora pode trazer dinâmicas radicais na vida do casal. Ambos podem se unir na alegria ou na dor e isso poderá ser o impulso de superação. O mesmo acontecimento na vida de outro casal pode ser desastroso e antecipar o fim.

Nessa mesma dinâmica entram as adoções, abortos espontâneos e, com maior impacto, os provocados. Crianças com problemas congênitos e com síndromes serão uma área de teste na vida conjugal. Na maioria das vezes, essas inclusões provocam uma série de desdobramentos que precisam ser acolhidos com amor e muita consciência.

Os filhos de outro relacionamento também estão nessa bagagem. Eles vieram antes e assim pertencem e precisam ser acolhidos, inseridos e honrados com o espaço e com tudo que lhes pertence nesse sistema. No entanto, uma linha tênue nesse relacionamento precisa ser respeitada. Esses filhos não são do novo parceiro, pois isso implica respeitar também a figura da mãe e do pai dos filhos. Eles são filhos desse trecho da história de ambos e seguirão por toda a vida sendo a parte vitoriosa dessa relação, tenha sido ela marcada por desafios ou não.

Aqui não cabem competições e nem mesmo ciúmes, pois parceiros e filhos não devem ocupar o mesmo espaço. Na posição de confronto, todos acabam perdendo e não existe harmonia nessa disputa. Afinal, o ciúme é um sentimento que remete à posse e ao controle e nessa altura será desafiador para qualquer relação sobreviver aos ataques desse sentimento.

Um passo importante para que esses filhos sejam ordenados corretamente é respeitar de fato a história e a importância de seus pais e da história que viveram. Para algumas pessoas será profundamente desafiador olhar para seus ex-parceiros com agradecimento e dignidade.

O amor é uma escrita em braile em nossa alma, muitas vezes silenciosa, mas presente e potente. Fica mais fácil entender a nossa relação com os amores que tivemos na vida se imaginarmos um rio que em algumas regiões é raso e, em outras, extremamente profundo. Para vencer cada uma dessas correntezas, precisamos de diferentes buscas e apoios. O amor também navega dessa forma. Não estamos sempre com a mesma necessidade, nossos amores vieram para que essa travessia seja possível e mais prazerosa.

Ao chegar na margem, é preciso olhar para todos esses trechos e agradecer quem de alguma forma remou ao seu lado, nem que em alguns momentos tenham descoberto que remavam para lados opostos. Ao descobrir isso, esse casal ganhou a chance de observar a bússola e redirecionar suas vidas. Nem sempre essa descoberta é feliz e libertadora, porém extremamente necessária para que possam seguir com suas vidas.

Ter esse companheiro em alguns momentos foi necessário para que o caminho apresentado fosse real e as oportunidades também. O novo relacionamento só chegou até você pelas falhas de todos os outros, então, de alguma forma, eles foram também responsáveis pelo momento em que está vivendo, seja ele bom ou ruim.

Logo, quem ficou no passado precisa ser visto com o respeito que merece, independentemente das lições que trouxe consigo e como esteve a serviço em nossas vidas. A pessoa que agora está em minha vida também possui um vínculo com esse parceiro, pois ela, graças ao rompimento com esse par, agora pode desfrutar de tão boa companhia e todas as suas vantagens.

Compensações e traições

As traições nem sempre estão no campo da sexualidade. Este é um desafio para o casal que prometeu também ao dizer "sim" para o amar e respeitar. A dinâmica aqui é muito mais intensa e não envolve apenas aquele que tomou a atitude de trair.

Algumas das traições mais frequentes em relacionamentos são as mentiras, desistências, acomodações e muitas outras. Outras vezes, o que traiu é apenas a materialização do desejo do que foi traído. Novamente uma balança de exata precisão estará entre o casal. Aqui, pesam todas as atitudes que levaram ao ato. A responsabilidade de cada um é pesada e o resultado pode surpreender a ambos. É fato que é necessário ter muita consciência para assumir, sem terceirizar as responsabilidades sem leviandade e com justiça.

Quando o interesse principal de um relacionamento não é o amor e a troca despretensiosa desse sentimento, o conflito poderá ter a mesma causa do encantamento, ou seja, se foram os bens materiais a causa da união, essa poderá se dissolver assim que o dinheiro for embora ou que o outro tenha conquistado o suficiente para si, tornando o outro desnecessário em sua vida. Fins assim costumam passar por severos julgamentos, portanto, cada um pode ter pagado na sua moeda pela união, pois o dinheiro não é o único pagamento que se tem nas relações.

Para isso, basta lembrar que o amor tem suas linguagens e que uma delas é o servir e outra o pagar, sustentar e cuidar. Ofertar o tempo e a vida para o outro também tem seu custo, a grande questão é se esse acordo estava claro para ambos. Quando não firmado com clareza e sem reservas, o acordo pode parecer injusto para aquele que fica, isso leva mais uma vez ao desafio de comunicar com clareza as intenções e necessidades na relação.

Outras vezes, será preciso que o outro busque ajuda para entender a forma com que é amado pelo parceiro. Essa penumbra de dúvidas pode ser um calabouço gelado e solitário para quem ainda não entendeu o amor e suas mais diferentes linguagens. Apreciar o que é ofertado é imensamente mais complexo do que fazer exigências inatingíveis. Aqui, novamente, temos uma oportunidade de ser a criança que exige e que faz birras e o adulto que compreende e busca ajuda para que possa ser feliz mesmo diante da negação de algumas de suas vontades. Um passo atrás para lembrar que o universo traz as experiências que precisam para o nosso desenvolvimento e experiência.

O amor também não é território para ameaças, sejam elas quais forem. Pelo simples fato que isso é uma imensa contradição. Esse sentimento se traduz pela forma de entrega voluntária e despretensiosa, sendo que tudo que contraria isso se torna incongruente e desprezível.

Ameaçar nesse território é acordar o outro de um sono tranquilo e lançá-lo no abismo no instante seguinte. Os que amam dormem acalentados em si mesmo e no outro e uma chantagem pode ser uma noite de inverno desnecessária no calor dessa relação. Uma ameaça é o atestado de morte de alguns sentimentos que farão imensa falta e que logo deixarão de sustentar essa relação. Será um fim anunciado ou uma permanência forçada e nesse território tudo é muito ácido para que o amor de fato floresça.

Olhar para o outro como se fosse um espelho pode ser muito esclarecedor. Qual a imagem que estará refletida nele? Muitas vezes conseguimos imprimir nos outros os nossos melhores sentimentos, mas quando isso não for possível, se tornará indispensável reconhecer o que se enxerga nele.

Lá pode estar o amor dos nossos pais e de outros casais do nosso sistema. Somos a chance de cura sempre, mas para isso temos a chance de honrar o que foi e fazer diferente. Ao sentir-se em um desafio com o outro, é preciso perguntar se a situação é real ou se algo está refletido no companheiro. Uma das hipóteses mais comuns que podem levar a essa dinâmica é a situação de abusos sofridos, sejam eles físicos ou emocionais. Quem sofreu essa agressão terá que ficar atento para deixar no passado o que é do passado, afinal, mesmo que seja extremamente desafiador, é lá o lugar desse acontecimento.

Se no passado essa situação foi empurrada para debaixo do tapete, por dor ou até mesmo por proteção, talvez tenha chegado o momento de olhar para a situação com mais calma e compreensão.

Esses abusos podem ter acontecido durante qualquer tempo da existência dessa pessoa. Na infância, é natural que esses abusos possam passar quase despercebidos, mas eles estarão lá até que possam ser vistos com toda a mensagem que trazem.

Torna-se necessário deixar com o agressor a responsabilidade e a culpa do fato que houve. Além disso, a criança precisa ser libertada desse medo para que, segura, possa seguir adiante sem que a imagem do seu agressor a acompanhe nesse novo relacionamento.

Também ocorrem em relações anteriores e isso precisa ser observado para que novamente não esteja refletido nesse espelho. A transparência desta relação dependerá das lentes que esse casal utilizará para contemplar essas imagens e decidir quais histórias devem ou não seguir com eles.

O conhecimento aqui será um fator decisivo para seguirmos por outra estrada e consultar o novo, entendendo que tudo foi como deveria ser, mas que essa nova decisão cabe aos integrantes dessa relação que, sem julgamentos, terão a permissão para seguir em paz.

Um verniz chamado amor

O amor está nos detalhes quase invisíveis de uma relação. Como se gostasse de surpreender, ele escolhe sutilezas para soprar aos nossos ouvidos que, apesar do passar do tempo e das rotinas, ele segue por ali. Muitas vezes, os nossos sentidos estão distraídos demais para essas gentilezas e concentrados em grandiosidades que nem sempre se concretizam.

Nem o amor escapa dos rótulos. Muitas vezes, medimos o outro e a nossa relação com uma régua errada e com receitas que deram certo para o outro, mas que pouco ou nada têm a ver com nossas próprias histórias e necessidades de vida.

O amor não pode ser medido de forma quantitativa, mas aqui o qualitativo ganha um espaço fundamental. No entanto, essa qualidade precisa ter muito das nossas necessidades e bagagem de vida. Em outras palavras, somos nós o metro que medirá o quanto amor merecemos e também o que será o ideal para afagar a nossa alma.

Talvez se você contabilizar todas as vezes que ganhou café na cama ao longo do seu relacionamento, se frustrará. Pode ser que a conta mude se você, por exemplo, pudesse ver que, enquanto você ainda dorme, o parceiro que precisou sair mais cedo para o trabalho cobriu seus ombros e tratou de fechar a persiana para que seu descanso pudesse ser pleno, mesmo sem que ele usufrua desse momento.

A colega de trabalho que recebe flores todas as semanas pode ser o exemplo de como o amor se apresenta de uma forma única para cada pessoa. Se novamente você for seduzida para medir seu relacionamento pelos outros, talvez descubra que na verdade um romance adocicado assim seria para você completa falta de liberdade. A luva que vestiu o coração dela com pétalas pode vestir o seu com espinhos.

Um homem que procura na esposa uma mulher produzida e que esteja sempre ao seu lado entende essa preocupação com o físico como uma forma de amor e dedicação à relação. Enquanto ele se lamenta por não ser amado da maneira ideal, ela usa o tempo para arrumar a casa que ele não observa. Se ele um dia chegasse mais cedo e a observasse arrumando e perfumando tudo que ele vai tocar, ela perceberia a satisfação dele e talvez pudesse dar um pouco de atenção a si mesma. Ele pode não ter percebido, mas na busca de agradá-lo e esperá-lo todas as noites, ela gastou todo seu tempo. Enquanto não for vista, ela não deixará de apostar na forma de amor que conhece. Sem esse olhar de equilíbrio, ambos vão amar e sofrer em absoluto segredo. Quando ele puder voltar para casa e ela para si mesma, ambos poderão finalmente viver o amor de que precisam.

O amor precisa ser espiado por uma fresta despretensiosa para que possa ser contemplado em sua essência. Assim, ele não precisa ser pousado como em revistas e nem tão risonho como nas redes. Cada amor precisa sentir com intensidade tudo que propõe sua própria missão.

Sintonia

Nem sempre o casal estará na mesma frequência. Alguns fatores podem desencadear essas diferenças. A diferença de idade pode ser uma delas, mas não a única. Mesmo que tenham idades diferentes, o casal pode encontrar-se em um objetivo comum, que pode inclusive ser a própria relação.

Um dos dois apresenta cansaço daquele relacionamento. Ele estará sempre precisando de descanso, até mesmo dormindo. Resistirá enquanto puder aos momentos proporcionados por essa relação. O desejo de não estar ali será suplantado por horas intermináveis de sono como se isso o desligasse daquela realidade.

Em outros casos, o sono ou a impassibilidade diante de uma relação poderá também trazer resquícios de uma busca pelo conforto do colo da mãe. Geralmente o sono leva inconscientemente à posição fetal, que pode reproduzir a busca por algo que não pode, naquela ocasião, ser preenchido pelo parceiro.

O sono, além da função fundamental de descanso, é uma busca por paz, estágio em que é possível desligar-se, mesmo que de forma temporária dos sentimentos e memórias que muitas vezes inquietam e provocam fugas.

Para quem está acordado e ávido por viver, observar a sonolência do outro em relação à vida a dois pode ser extremamente desconfortável. O sono vem quando nada mais é tão interessante quanto o próprio cansaço. O desafio é que este estado de sonolência emocional não passe e nem permita que esse casal se encontre na mesma sintonia.

Esse comportamento poderá ser impedimento para muitas coisas, inclusive na área da sexualidade. Nesse campo, nada é possível se o parceiro utiliza o dormir como uma rota fácil de fuga. Logo, estamos diante de uma situação que vai muito além de cansaço e que chega ao desencontro que ainda precisa de uma solução mais encorpada e ativa.

Entender o motivo pelo qual é mais confortável dormir ou ficar desperto é fundamental para que se olhe para além dos sintomas e possa, de forma consciente, encontrar e tratar a causa.

Assim como todas essas situações podem ser desafiadoras para os relacionamentos, outras podem aliviar muito essa caminhada. Uma das primícias para que isso aconteça é importar-se com a presença do outro, o que implica ir muito além de palavras e adentrar no campo das atitudes e hábitos.

Tal atitude poderá nos proporcionar uma comunicação adequada e funcional, que traga ganhos para o relacionamento. Dizer o que se espera tem o poder de transformar o cenário de um relacionamento.

Uma balança atemporal

O amor se recusa ao processo de modernização, pois seu propósito é atemporal e ultrapassa barreiras culturais e de tendências. O amor não compactua com a falta de tempo e cuidados. Tudo nesse campo será uma questão de prioridades.

No passado, talvez fosse possível resgatar as cartas escritas enviadas e as que ficaram guardadas em uma gaveta com a missão apenas de lembrar a intensidade e a face de um amor guardado pelo tempo.

Essa lembrança talvez ressuscite em nossa memória como éramos diferentes com relação ao outro. Os cabelos arrumados com perfeição e o olhar que procura a roupa ideal para um encontro casual. As palavras cuidadas e o sorriso tão exuberante que beirava a perfeição.

Todo esse cuidado era ressonante. No passado, nunca fora recebida de forma descuidada. A porta do carro que se abria com um gesto de gentileza, o jantar reservado no restaurante favorito e uma ligação nas primeiras horas do dia seguinte. O silêncio talvez denuncie que algo não anda bem. A denúncia também poderá chegar barulhenta, através de muitas palavras desencontradas, brigas e cobranças.

Sensível e cuidadoso como sempre, o amor perceberá que os hábitos e os ambientes mudaram. O primeiro sentimento talvez seja anunciado por uma saudade mesmo de corpo presente. Depois o sentimento de que não é mais especial como era vai se apossando e, dia menos dia, a rotina agora sem cuidados e sem cor trará reflexos para essa relação.

Muito além do corpo e da sutileza dos cuidados, o amor exige que a alma também esteja disposta e preferencialmente florida e desarmada. Só conquistará essa proeza quem deixar o outro livre de suas próprias exigências e projeções. Relacionar-se exige qualidade, renúncias, presença e, principalmente, resolver os próprios conflitos.

Uma criança pode estranhar que um adulto não tenha brinquedos e que passe horas tediosas olhando para a tela quase imóvel de um computador. Parece não fazer sentido aquela rotina sem recompensas alegres e visíveis.

Um casal apaixonado talvez olhe para um casamento que caiu na rotina da mesma forma. Perplexos, não entendem em qual esquina o amor se perdeu. Assim como a criança um dia entenderá que os brinquedos deram espaço para outras ocupações, o casal também conhecerá o poder da rotina e dos desgastes de qualquer relação.

O relacionamento em fase de namoro é feito de momentos mais descontraídos e leves. Os encontros propositalmente são programados para compartilhar o que existe de bom nessa fase. Datas são religiosamente lembradas e os agrados são muito mais frequentes.

Nesse momento da relação, a opinião do outro importa tanto ou mais que a nossa. A entrega é absoluta e nem sempre se faz contas para isso. O investimento é alto e muitas vezes o retorno é secundário, pelo menos aparentemente.

A rotina chega com uma força esmagadora e só poderá ser contornada com muito empenho e dedicação. Os relacionamentos sérios, como são intitulados na contemporaneidade, trazem consigo as responsabilidades inerentes à nova fase. Os retornos agora também são diferentes e é preciso estar ligado para essa percepção para entender um pouco da nova linguagem que esse amor pode apresentar.

O equilíbrio só virá quando a alegria da criança conseguir unir-se aos afazeres do adulto e ambos conseguirem com leveza conduzir o processo.

Entre as dificuldades, refletir sobre a falta de momentos dedicados aos dois, não apenas para a resolução dos problemas que agora também fazem parte dessa relação, será uma atitude coerente e sábia do casal em questão. O equilíbrio sempre precisará de um lugar cativo na mesa desse relacionamento.

Um dos propósitos da relação é o caminhar acompanhado em direção ao mesmo objetivo, mesmo diante de perspectivas diferentes. Isso inclui estar, também, em ambientes e atividades que podem não ser nossas preferidas, mas um ato em reconhecimento do caminhar que agora se alterna entre ser agradável e receber agrados.

Ruídos

O tempo corre de formas diferentes para cada uma das pessoas. Ele é apressado para quem deseja que ele siga com vagareza e lento para os que contam os segundos de um minuto. Quase nunca se aborda, mas o tempo, além de velocidade também possui diferentes qualidades.

Isso se mede na intensidade dos sentimentos que se aliam ou não a esse momento vivenciado. O breve encontro de quem tem mais amor que tempo pode ser mais valioso do que aquele que acumula horas, mas está em um imenso vazio de sentimentos.

A sensação de ser invisível perante o outro não acontece apenas por razões sistêmicas. Muitos dos nossos atos trazem consequências diretas em nossas relações. A falta de presença com qualidade é uma dessas atitudes que mostram sintomas que, mais tarde, podem auxiliar na investigação das mais diferentes causas.

O processo de inserção digital é um dos exemplos mais claros deste novo conceito de presença. O conceito de presença sofreu profundas mudanças e segue se alternando na velocidade da luz. O distante se faz presente em uma fração de segundos, mas aquele que está diante dos nossos olhos se mostra a quilômetros de distância.

Os dedos ágeis que movem uma tela cheia de informações e atrativos. Era para ser apenas uma resposta, um comentário, uma curtida. Os minutos se multiplicam rapidamente e com muita tranquilidade transformam-se em horas. O outro está ali, mas em segundo plano.

Conteúdos, gatilhos emocionais, entre uma curtida e outra nos envolvemos em tramas, histórias. Vendemos, compramos e buscamos todo tipo de aprovação e atenção. Uma atenção um pouco mais fria, porém, que com o tempo se mostra tão real que se torna uma parte importante de nossas vidas.

O outro segue por ali, acompanhado e sozinho ao mesmo tempo. Não existe tempo perdido, mesmo no território digital buscamos algo que nem sempre sabemos exatamente o que é de fato. Não raramente constatamos que o que nos aproxima do mundo nos rouba de casa e das relações, inclusive das mais próximas.

A ferramenta digital pode ser nova, mas o que fazemos nela não é nada recente. Aqui buscamos ver e sermos vistos, com a sedutora possibilidade de edição. Eu mostro o que desejo e me cerco do que anseio enxergar. Entre um seguidor e outro, vou mostrando o que ainda precisa ser visto. Isso pode ter um papel dúbio, tanto de curas como de feridas. Nada é integralmente bom ou ruim, mas se apresentará de acordo com o necessário para essa pessoa.

De quem são os olhos que procuro quando meu celular está em mãos? Depois de responder essa pergunta, poderei encontrar possíveis soluções e a utilização desenfreada desta tecnologia pode, enfim, ter um rosto. Talvez encontre entre um clique e outro um olhar materno e conhecido, que finalmente encontra seu destino.

A conexão criativa

Se pudéssemos compreender profundamente tudo o que acontece durante o sexo, boa parte da humanidade teria muito mais cuidado e consequentemente mais alegrias.

O que conseguimos ver é apenas a ponta de uma montanha cheia de trilhas e caminhos sobrepostos.

Fonte da troca energética mais potente que conhecemos, o sexo é capaz de promover milagres e desastres. A realidade é que nenhuma relação é nula destas trocas e consequências. É como se acessássemos uma força que vai muito além do óbvio.

Para os cristãos, existe na bíblia uma clareza muito grande sobre a intenção divina na criação do sexo. No primeiro livro da bíblia, Gênesis, observa-se o próprio Deus feliz com sua criação. Logo após criar o homem e a mulher, ele sentiu que sua obra havia sido perfeita. Não satisfeito, Deus manifesta o doce desejo de que Adão e Eva fossem uma só carne e isso não era mais sobre a costela tirada do homem para hipoteticamente formar a sua companheira. A conversa era mesmo sobre sexo.

Um pouco mais adiante, em Provérbios, isso fica um pouco mais claro e a mensagem bíblica fica muito mais direta: "Inebriem-te os seus próprios seios todo o tempo. Que te extasies constantemente com teu amor". Por fim, a bíblia relata que, do céu, o todo-poderoso alegra-se com o amor compartilhado em um leito imaculado e sem manchas de traições e leviandades.

A conversa aqui pode até ter muitas interpretações um pouco mais moralistas, mas por outro lado nos leva a pensar nos motivos desse pedido divino. Nessas palavras mora um pedido cuidadoso para que o ser humano recém-criado tenha em sua alma o sexo como território sagrado, em que é muito mais prazeroso quando seu propósito maior é compreendido e respeitado.

Se esse monólogo fosse uma conversa, o velho sábio talvez teria dito todas as razões pelas quais o amor e o sexo possuem uma legitimidade tão grande que muitas vezes se confundem pelo caminho. Se a prosa se arrastasse mais um tanto, a humanidade entenderia que quando acessado apenas de forma carnal, sem propósitos e de maneira leviana, a troca segue o mesmo nível. O corpo recebe, descarrega e não possui forças suficientes para convidar a alma para que mergulhe também sem reservas nessa relação e que faça frutificar a experiência em forma de felicidade, contentamento e gratidão.

Para não dizer que a bíblia não tratou do romantismo, um livro inteiro foi dedicado aos apaixonados. Coube ao Rei Salomão, reconhecido como o mais sábio que existiu e pelos amores intensos que viveu, achar que suas palavras não eram o suficiente para propalar sua admiração e apreço pelo amor romântico e cantou, durante todo capítulo, canções destinadas à mulher que amou.

Não é apenas o cristianismo que trata o sexo com respeito e atribui sua força ao que é Divino e Criativo. Todos os demais movimentos para a espiritualidade reconhecem que o seio da vida está na relação de intimidade de amor e sexo.

Quem respeita e trabalha com vidas não terá outro caminho senão voltar ao seu início e honrar o milagre que foi permitido para a humanidade.

No entanto, algumas dessas mensagens confundiram-se com o passar do tempo e os discursos mais moralistas e proibitórios das religiões também rotularam o sexo como algo negativo e errado. Essa informação deixou marcas profundas em muitas gerações. Como se o sexo fosse convidado a deixar seu sagrado espaço para alinhar-se ao profano. Essa também é a causa de muitos fracassos na vida íntima. Uma castração que mesmo inconsciente irá rondar aqueles que não entenderam o propósito do prazer e da troca.

O místico também se rendeu prazerosamente ao sexo. As mais conceituadas práticas sinalizam que as conexões mais profundas, curativas e elevadas moram nas camas e corações mais aquecidos.

A ciência buscou o sexo e encontrou nele uma fonte curativa imensa. Provocou uma revolução na psicanálise e foi provando que sua essência sempre possui segredos que clamam para que, finalmente, possam ser desvendados.

A sexualidade é a primeira força a ser entendida pelos corpos que depois se aproximam. A história que se construirá depois é apenas a roupagem desse romance. Antes que estivessem fisicamente juntos, um acordo de almas permitiu que agora estivessem frente a frente.

Nós e nossa grande alma fomos chamados para essa odisseia e precisamos vivê-la de maneira plena e inteligente, lembrando que a energia sexual é uma das mais fortes da natureza e se movimenta o tempo todo para contemplar o óbvio.

Por isso que quando se unem em uma relação, o energético já havia iniciado esse movimento. Existe algo sagrado e criativo no sexo que não se pode dimensionar, apenas contemplar.

Todo o contato desses corpos e dessas almas estará registrado e, por algum tempo, seguirá com essa pessoa. Fluídos corporais, hormônios, sensações, informações e necessidades foram acolhidos e misturados neste encontro.

Houve uma esperança da geração de uma vida naquele exato momento, e nem é preciso dizer que ambos os sistemas estiveram de prontidão e aguardando que a oportunidade de prosseguir com a vida fosse mais uma vez atendida.

Mesmo que o propósito maior que sempre é o nascimento de uma nova vida não ocorreu naquele momento, algo se criou e isso pode ser desde o prazer e o crescimento da relação até um projeto de vida que inclui caminhar e crescer juntos.

O sexo, um dos pilares mais fortes de um relacionamento, é capaz de medir a temperatura de uma relação, trocar informações preciosas, criar e dar partida em um processo milagroso que é a vida. Nenhuma outra força é capaz disso. A força criativa que se forma ali vai muito além do prazer e da entrega absoluta.

No entanto, o sexo também recebeu rótulos que impedem que ele seja visto e analisado nesse contexto.

O sagrado se forma através da entrega e a confiança que se constrói nas relações sexuais. Existe uma vulnerabilidade que se expõe ali. Tanto no sentido literal como no figurado, as barreiras estarão ao chão e dois corpos que se envolvem cumprirão a missão de, através do outro, entregar o controle e permitir que sensações e instinto assumam o domínio.

Quem acessa a sexualidade com plenitude e percebe que ela mora no sagrado da outra pessoa permite que a paz seja possível em sua relação. Aqui também sabemos que esse filho acessou seu pai o suficiente e tornou possível que o menino tenha crescido e como homem ele pode com segurança, amor e respeito acessar as mulheres, inclusive em seu sagrado.

Se o sinal com as mulheres está fechado para esse homem na sexualidade, ele precisa rever a raiz desse impedimento. A impotência é um dos claros sinais pelo qual esse homem passará. Em muitos casos, ele ficou na redoma da mãe, sabe galantear, conquistar e até conhece o universo feminino, mas não consegue sustentá-lo.

A velocidade das relações sexuais não obedece a nenhuma ordem ou padrão. Porém, a constante insatisfação de um dos envolvidos é uma luz vermelha que se acende alertando que algo não vai bem. Pode ser esse o primeiro passo para a identificação do que na medicina é conhecido como ejaculação precoce.

Faltou para esse homem a energia do masculino e, por mais que ele se esforce para ser um bom amante, algo parece afastar ou frustrá-lo em relação à sexualidade.

Quem ficou na esfera da mãe espera ser cuidado e vai contrariar a missão do masculino que é, em sua essência, servir ao feminino. O homem vem com força física para isso, mesmo que muitas vezes não entenda ou entre em contradição. Para esse homem, ser servido por essa mulher na vida pode se tornar prioridade, e a sua cama ficará sempre em segundo plano.

De alguma forma, a mulher que agora está em sua vida vai se tornando a figura de sua mãe e perdendo a essência da amante e logo a sexualidade é convidada a se retirar. Quem vê na mulher a mãe e no homem o próprio pai corre o risco de ceder à pressão de procurar fora desse cenário um amor para preencher o espaço vacante.

A impotência é um sinal clássico desse conflito com o masculino. Falta para ele a energia para manter-se ativo o suficiente para suprir todas as necessidades da parceira. Ele vai precisar do pai para resolver essa situação e, mesmo que não possa fazer isso de forma presencial e física, o campo aberto por uma constelação sistêmica poderá trazer essa oportunidade de cura.

Se, por um lado, a falta de acesso ao pai pode levar esse homem a essa dinâmica, a busca pela mãe leva ao território dos excessos. Todas as mulheres com quem se relacionar serão, para ele, uma volta ao ventre, agora possível através de uma relação sexual. Alguns encontrarão esse caminho na prostituição, pois o cuidado e atenção será mais fácil e sem grandes cobranças, assemelhando-se ao que de alguma forma angariou da sua própria mãe.

Muitos homens na atualidade estão diante de um conceito muito diferente do feminino e isso nem sempre será facilmente compreendido por eles. Antes, em uma posição muito mais submissa, para muitas delas, a sexualidade era um território masculino, e por isso aceitavam maiores sem queixas os descompassos.

A velocidade e a intensidade dessa mudança pegaram ambos ainda desprevenidos. Ele agora precisa ter uma performance que surpreenda, ou corre o risco de ser cobrado por isso. O menino mais uma vez não suportará essa pressão e terá que necessariamente convidar o homem para assumir e resolver a situação.

A menina virá com informações do território da sua mãe, se por lá estava tudo bem com a sexualidade e com relação aos homens, agora ela dificilmente terá medos, receios ou frustrações.

No entanto, caso essa ligação com o feminino e a sua relação com sua própria mãe estejam ainda com ruídos, ela levará literalmente para a cama os sintomas, mas quando se tornar mãe, essas sombras serão ainda mais temíveis e presentes.

No novo papel, será preciso muito equilíbrio para não abandonar de vez a figura de amante e agarrar a maternidade como refúgio. Se fosse um gráfico, ela teria que fazer uma distribuição extremamente justa entre ser mãe dos filhos, filha dos pais, profissão, autocuidados e também seu relacionamento que pedirá cuidados e presença. Essa dinâmica também vale para os homens.

A chegada de um filho que desafia as relações de casal também terá um impacto importante na sexualidade. Se ambos já conseguiram curar suas crianças, logo essa rotina voltará à normalidade, mas caso ainda estejam ladeados por comportamentos que façam do filho um terceiro integrante que disputa atenção, os desafios serão maiores e a relação corre o risco de não suportar.

Para muitos homens, a mulher que agora é mãe seguirá atraente e ao mesmo tempo eficiente em seu novo papel. Outro verá a nova mãe e seus olhos, por algum motivo, não seguirão para a próxima cena. Novamente a amante cede o espaço para que o materno assuma as memórias desse homem.

O tempo também é um fator de desafio para a sexualidade do casal. O enredo romântico vai dando espaço para relações casuais que nem sempre atenderão as necessidades de ambos. Isso terá um peso de afastar o insatisfeito e criar nele o sentimento de repulsa quanto ao outro. O sexo aqui é visto como uma ferramenta de alívio imediato e não leva em consideração os diferentes fatores entre os gêneros.

Aos poucos, a sexualidade também pode se tornar uma obrigação matrimonial. Essa prática pode ser sentida por homens e mulheres, porém o número maior de queixas ainda é delas. Nesse caso específico é preciso olhar para a ancestralidade da pessoa acometida disso e questionar em qual geração o sexo tornou-se obrigatório e forçado de fato. Essa dor agora vista poderá partir, pois também já trouxe sua mensagem.

Uma mulher recém-casada que reclama da ausência de interesse do marido. Os sinais que já eram evidentes durante o namoro, agora seguem no relacionamento que ganhou uma configuração formal e estável.

Ao trazer essa queixa para a terapeuta, ela também revela que, na sua cabeça, algumas presunções já foram desenvolvidas. A primeira das teorias é a falta de amor por parte do marido. Se ainda não estiver convencida sobre a causa do desinteresse, o próximo passo será supor que o problema é físico e a baixa estima que talvez tenha sido forjada na infância virá à tona como uma forma de culpa em não ser atraente o suficiente. Nessa tentativa de encontrar argumentos para aquela rejeição, o risco está em encontrar uma resposta equivocada que, em vez de alívio, possa trazer culpa.

Depois do processo de culpa e das tentativas, algumas pessoas deixam a relação, mas outras seguirão ali e certas dinâmicas podem se desenvolver neste contexto.

O campo traz movimentos que aos poucos serão compreendidos. Lá, ela vê os pais e avós representados. Também chega a dor das mulheres de sua família. A avó que no passado foi alvo de relações abusivas por parte do marido reflete medo do masculino. A neta, por razões que ela mesma desconhece, está agora ao lado de um parceiro que não lhe oferta riscos sexuais. Ela buscou um homem que não é agressor, mas precisa denunciar que no passado existiu um homem que a agrediu mesmo em silêncio. As afrontas que hoje ela faz ao marido pela falta da energia sexual é uma forma de castigar o agressor que agora parece estar refletido no companheiro.

O campo mostrará o caminho para que finalmente esse casal se encontre sem projeções e medos. Nesse momento, poderão viver com plenitude o amor e o sagrado da sexualidade.

A pornografia e a energia sexual

Um corpo bonito estampado em uma foto preparada para seduzir e que encontra nos olhos do outro o terreno fértil para fantasias que, sem qualquer pudor, serão demonstradas. Um vídeo com movimentos frenéticos e corpos desnudos que vai se desenrolando de forma sensual, a ponto de captar a atenção e emoções de quem do outro lado busca aliviar suas carências e energias sexuais. Narrativas que são lidas e ouvidas no ápice de uma explosão de sensações e hormônios. Sexo a distância, mas as energias não respeitam essa barreira. Nisso mora o grande desafio da pornografia.

Para entender melhor, em uma relação sexual, é como se passássemos uma cola potente em duas folhas de papel de cores diferentes. Depois dessa junção, tentamos separar esse material. Vamos perceber que isso não é mais possível, pois em cada uma das folhas ficou também incrustada parte da outra. Elas agora contam com uma miscelânea de cores. Assim são as energias, mesmo em uma relação que aconteceu em um contexto pornográfico, essa troca de energia de alguma forma aconteceu.

Isso pode explicar, por exemplo, o fato de que muitos parceiros percebem que algo está errado com o outro. Parece que entre os dois existem outras pessoas. Por mais que essa "traição" não tenha propriamente um rosto e um enredo, ela está ali e sua energia também.

Para quem estava estampado nestas imagens, também virá uma resposta energética sexual. Muitas vezes, o que leva a pessoa para a pornografia é o desejo de ser visto e reconhecido. Isso acontece quando provoca em outros o desejo. Finalmente essa pessoa é vista, talvez algo que não conseguiu na infância.

Um outro caminho muito similar é a prostituição. A troca de dinheiro ou qualquer outro favor por sexo também revelam sintomas e suas causas. Quem é sustentado pelos serviços sexuais busca por alguém que traga recursos para sua sobrevivência, ou seja, uma busca pelo pai que desempenha o papel do provedor.

Quem busca prazeres na prostituição também procura algo e sua dinâmica não está tão distante do que desempenha o serviço meretrício. Eles se unem em uma busca que geralmente é por um dos pais.

A traição pode ter uma dinâmica de salvação para alguns relacionamentos, aconteça ela em um ambiente de prostituição ou de envolvimento emocional. A decisão não é exclusiva de quem tomou a decisão de trair, mas a responsabilidade por ter decidido transformar em ato essa situação seguirá com ele. Mesmo que, em alguns casos, aquele que traiu está a serviço de seu sistema ou até mesmo dos desafios do companheiro.

A energia sexual que move esse casal terá diferentes funções durante essa história. O frisson do começo naturalmente dará espaço para outras criações, mas o sexo seguirá sendo um importante pilar nessa relação. Ainda é dele a força de afirmar que é possível se reencontrar, apesar das diferenças.

Na fase de crescimento, seja familiar ou profissional, o sexo terá a função de sexualidade e de troca. A mulher buscará o masculino e o homem também traz dessa experiência o feminino. A troca dessas informações traz estabilidade a esse momento de transformação.

A ferramenta de cura nesse caso é o campo e toda a sua movimentação. Com a dinâmica sistêmica e todas as verdades que são demonstradas, traídos e traidores terão a oportunidades de assumir com responsabilidades a parte que lhes cabe nessa decisão.

Para quem traiu, cabe passar por essa experiência carregando a responsabilidade de seus atos, a culpa servirá como determinação para que a cena não se repita. O traído terá que medir a dosimetria da pena, tendo a consciência de que o que provocou dor precisa ser devolvido de alguma forma, desta vez com menor intensidade.

A força da liberdade

O campo das obrigações é pesado, e nem sempre atende aos verdadeiros propósitos da ação. Uma das crenças mais limitantes que temos quanto à sexualidade no casamento é a obrigatoriedade dela. Claro que é desafiador pensar em um relacionamento de casal em que essas intimidades não tenham espaço regrado ou marcado, porém observa-se aqui um importante contraponto; o quanto é desafiador dividir-se com alguém sem que o corpo e a alma peçam por isso.

Nosso primeiro contato com a sexualidade muitas vezes acontece antes que a primeira relação tenha sido concretizada. O que ouvimos dos nossos pais ou dos adultos que estiveram próximos da nossa infância será determinante. Filhos que não puderam perguntar sobre a sexualidade e situações relacionadas terão alguns desafios para encontrar uma boa ressonância na vida sexual.

O sexo passa a receber rótulos fortes e que, mais tarde, poderão criar novas crenças limitantes na criança, que agora recebe como informação que sexo é sujo, feio, errado, ruim ou ainda percebe que é algo pesado e desagradável para os que o cercam.

Até mesmo aquelas historinhas com aparência extremamente inocentes, como ter medo do "velho do saco", poderão criar nas mulheres a sensação de que, ao ver um homem em situação de nudez, sua primeira atitude deve ser o recuo.

Outras mulheres terão desafios para engravidar, também por crenças limitantes. Elas ouviram tantas vezes o medo de seus pais e de pessoas mais próximas na adolescência que agora a ordem de não engravidar acompanham seus passos.

Crianças que viram seus pais separarem-se por causa de uma traição que envolveu uma situação de sexualidade poderão, na vida adulta, acreditar piamente que o sexo é motivo para fins e não para começos.

Os filhos que dormem no quarto dos pais também trazem um desafio muito grande. Em alguns casos, um dos entes poderá, sem que possa ter consciência, usar a presença do filho para repelir o outro sexualmente. Quando o filho exige dormir no quarto dos pais, ele manifesta a preocupação com um dos pais. A criança sente ali o receio de que alguém vá embora ou de que algo não está bem.

Todas essas dinâmicas podem se desenvolver, mas um risco oculto que ronda essa situação é a possibilidade de que essa criança ouça, sinta ou veja cenas da sexualidade para a qual ela ainda não possui o devido preparo para compreender.

Ao ver o pai e a mãe no ato sexual, duas situações podem ocorrer. Essa criança poderá demonstrar interesse precocemente pelo assunto e desenvolver a sexualidade de forma extrema. O contrário também acontece. Sem ter conhecimento e maturidade, a criança imagina que algo está errado. Ela não compreende o movimento dos corpos, as expressões e muito menos os sons emitidos; ela irá associá-los com algo que já tenha visto, inclusive com a violência.

Os mensageiros ...

Talvez você não tenha recordações das cartas que até pouco tempo eram enviadas com mensagens para todas as partes do mundo. Caso pertença à minha geração, poderá com muito carinho se lembrar da última carta que escreveu ou mesmo recebeu. A carta parecia sem pressa alguma, mesmo quando nela havia uma notícia que merecia urgência. Ela apenas seguia para o seu destino como um rio.

Ainda existiam os telegramas, que levavam mensagens mais rápidas e objetivas. Pagávamos por cada letra e pontuação que era escrita por alguém e finalmente emitida ao destinatário. Quem recebia já podia imaginar que algo urgente o esperava.

A tecnologia abreviou esses processos e resumiu tudo em fração de segundos. Hoje estamos cara a cara com o emitente e podemos em tempo real ver uma reação. O telefone toca e todas estas informações estão ali, com imagens, sons e, com um pouquinho de imaginação, podemos esquecer que essa presença é apenas digital.

Em nossas vidas também é assim. Recebemos cartas, telegramas, telefonemas, imagens e todos os demais ícones que pertencem ao processo de comunicação. No entanto, no cotidiano essas mensagens podem chegar através de um fato, um sentimento e, muitas vezes, por parte de pessoas que atravessam nosso caminho de forma inesperada.

Algumas dessas missivas chegam de forma tranquila, como uma daquelas cartas que esperávamos por dias diante do portão. Lemos, compreendemos e seguimos em frente. Outras são assustadoras, como os telegramas ou telefonemas na madrugada.

Os mensageiros são os mais diversos e caberá a cada um ler e traduzir o recado e romper sua criptografia. Cabe aqui olhar para cada mensageiro como quem deseja ler a mensagem, entender a missão e com a resiliência de quem entendeu que tudo tem uma espécie de "para quê" e não o nosso esperado "por quê"?

Um professor pode ser um desses mensageiros, muitas vezes sua mensagem é leve ou pesada, depende muito do seu propósito. Um aluno que por causa de um professor tomou horror de todos os cálculos e da matemática não recebeu apenas uma negativa para aquele setor do conhecimento, mas seu mensageiro talvez diga "foca no que realmente te faz sentido". Um dia ele encontrará o seu caminho distante dos números, mas nem sempre terá boas lembranças desse professor. Um mensageiro nem sempre será reconhecido.

Eu costumo chamar esses mensageiros de anjos negros que, assim como as nuvens carregadas que antecipam uma tempestade, cujos raios e relâmpagos anunciam sua potência, deixam agitados seus espectadores.

Nessa tempestade, podemos ver rostos conhecidos. Esses anjos muitas vezes possuem traços familiares. Diante de nós, um desses anjos pode duvidar de você e isso na hora pode parecer extremamente desastroso e humilhante.

Sigo contando uma história de um homem que, ao ensinar a esposa a dirigir, entende que, diante de tamanha insegurança, ela jamais poderá guiar o carro com maestria e segurança. Diante dos insultos ela chora, esbraveja e, vencida, se cala. O divórcio vem um tempo depois, mas a dor de ter sua capacidade posta à prova permanece.

Logo, dirigir o carro, guiar a moto não é mais suficiente. Ela precisa mais que o normal. Apenas isso terá o poder de aniquilar as palavras duvidosas que recebeu e trazer novamente a confiança. Anos mais tarde, sem perceber, estará na boleia de um caminhão, fazendo o inacreditável. O quão difícil será para essa mulher, que agora ganha a vida no volante, reconhecer que aquele homem trazia para ela, mesmo que através de uma mensagem dolorosa, o rumo que a vida precisava tomar?

Uma mulher que ouve do marido reclamações com relação aos gastos do cartão de crédito. Essa reclamação dói de uma forma desatinada. Deixa de ser uma dor comum por compartilhar as finanças e passa a ser um propósito de gerar riquezas. A resposta virá apenas com o tempo. A crítica vai ressoar de maneira tão forte que, em pouco tempo, a autonomia financeira trará em seu nome um cartão e sonhos sem limites.

Ele sempre será a mola propulsora do desenvolvimento da parceira, mas reconhecer isso dependerá da interpretação de mundo dessa mulher.

Doenças como sintomas

Muitas mensagens nos são reveladas através de sintomas e/ou doenças, que podem ocasionar as seguintes reações: acolher ou rejeitar. Diante dessas duas dinâmicas, teremos ainda o desafio de olhar para os sintomas, identificar a mensagem e, com isso, desenvolver uma ação.

Imaginamos aqui uma cena em que um menino ainda pequeno, ao brincar, ralou o joelho e, correndo, se lança ao colo de sua mãe. Com traços de ternura e olhar de mel, a mãe procura as avarias e, mesmo diante da pequena gravidade, lança no pequeno arranhão os mais delicados beijos que possui.

Ali, embalado no colo materno, acolhido em sentimentos e cuidados, ele entende que tudo ficará bem. Como uma cápsula com poder de anestesia, o afeto traz ao menino a sensação de que a dor partiu e, com ela, o medo de ferir-se novamente.

A dor existiu e emitiu seus sintomas. A pele ficou levemente marcada como se para lembrar o menino de que algo aconteceu. O sintoma acolhido pelos beijos leves de sua mãe partiu por entender que sua mensagem foi completamente entendida. Do colo, ele ganha o chão e logo uma nova brincadeira toma seus pensamentos; os arranhões agora estão em um passado distante, o suficiente para não doer, e perto, o possível para lembrar dos riscos que a vida, mesmo feliz, traz.

Assim é quando os sintomas chegam em nossa vida denunciando que uma doença emite seus claros sinais. Podemos acolher essa dor e interpretar sua mensagem e, assim, permitir que ela possa partir sem maiores traumas. Outra dinâmica é recorrer ao tratamento que poderá curar o corpo, mas que manterá na alma uma mensagem que, sem ser decifrada, não medirá esforços para retornar.

Várias podem ser as mensagens trazidas por sintomas e doenças, desde situações que podem ser resolvidas até o desejo de morte, como seguir alguém na morte ou até morrer no lugar de alguém. Quanto mais grave a doença, maior a determinação de seguir alguém na morte. Doenças autoimunes, oncológicas, vírus pandêmicos e outras letalidades estão inseridos nesse contexto.

Na dinâmica em que se adoece ou se morre por alguém, observamos que um ente, por amor, passa por experiências dolorosas em sacrifício daquele que ele pensa poupar.

A lógica

É necessário explicar como se desenvolve a dinâmica de seguir alguém na morte. Uma mulher muito jovem que perdeu os pais em um acidente. Eles seguiam para sua formatura e, em uma curva da estrada, o ciclo terreno interrompeu-se. O tempo para aquela filha passou, mas a dor sempre esteve ali à espreita.

De vazio em vazio, ela foi olhando para os pais e lentamente seguindo, mesmo que em dimensões ainda diferentes, os seus passos. A ligação de afeto é tão grande que, sem que ela perceba, está muito mais perto de quem foi do que daqueles que ao lado dela permanecem. Mesmo muito bem-sucedida e com laços bem estabelecidos em vida, ela deslizou por uma ponte escorregadia cheia de quase, que um dia inevitavelmente chegou. Uma carta e nela o simples desejo de uma criança encontrar-se com seus pais para um caloroso abraço.

A morte que ela encontrou no suicídio poderia ter chegado em sua vida de outra maneira, através de uma doença grave, um acidente ou até em uma simples queda ao tomar banho. O rito da morte será apenas um detalhe, pois a alma que guardou em si a dor e o anseio de encontrar seus entes saberá exatamente como conduzir-se para lá.

Outra dinâmica que faz sentido aqui é a determinação de não incluir um dos pais ou ambos. Aos que tomam essa postura na vida resta matar em si o que receberam de seus pais, ou seja, a vida. Isso poderá vir através de uma doença ou de um chamado para interromper a vida, como no caso narrado acima.

Diante de um desgosto muito grande, um trauma emocional, separação, morte ou coisa semelhante sem um processo vivencial de luto ou solução, o corpo vai desencadear no físico uma resposta para isso. Aqui, claramente, é um espaço fértil para a somatização de doenças que nem sempre é compreendida pelos pacientes.

A mensagem sabe o ponto exato para que possa atingir seu destinatário. Sendo assim, ao olharmos para o ponto atingido pelo sintoma, teremos muitas informações sobre a doença e também sobre o enredo que ela traz. Um câncer de mama, por exemplo, traz a dinâmica da mulher que não quer de maneira alguma ofertar à sua mãe o reconhecimento merecido. Outra possibilidade é uma mulher ferida pelo parceiro, ou até mesmo frustrada como mãe. Uma mulher que leva a marca de um ferimento emocional pode trilhar um desses caminhos e encontrar em seu corpo essa mensagem.

Um paciente que agora precisa abdicar-se do açúcar, por causa do diabetes, perde o privilégio de sentir o doce da vida no sentido literal e figurado. Geralmente, esses sintomas se apresentam depois de uma perda importante, que pode ser de um filho, do companheiro ou até mesmo a decisão de ter que viver uma vida de uma forma contrária ao que gostaria. Algo está em desacordo e ofertando o tempo todo amarguras.

Não é difícil entender nosso corpo e sua linguagem, basta que, ao olharmos para ele, tenhamos a sensibilidade de compreender seus sinais e de fato sentir nossas raízes e reações. Para isso, é necessário estar de fato presente ao próprio corpo. O esqueleto que de forma tão eficaz sustenta nosso corpo é também o espaço perfeito para que a mensagem seja carregada e recebida com sucesso.

A coluna que possui o papel de dar suporte ao corpo é nossa raiz ancestral. O medo de decidir algo e magoar alguém pode provocar os dolorosos desvios. A falta de apoio paterno também pode ser decisiva para as escolioses, como se o corpo nos dissesse claramente "precisei amparar-me em ti e não encontrei apoio".

O torcicolo, por exemplo, traz claramente a dificuldade de olhar para quem está ao lado, além de traçar para o seu portador um perfil de inflexibilidades, perfeccionismo e duras exigências.

A coluna divide suas mensagens em seus territórios. Problemas relacionados aos discos cervicais são de alguma forma as cargas que carregamos. Nesse contexto estão inseridos os medos, culpas, angústias e até o fazer demais. Os discos torácicos que possuem deformidades revelam os desafios em começar algo, querer e não poder e os medos de viver e morrer. Na região lombar, concentram-se fatores relacionados à sexualidade, financeiro, insegurança, humilhação, abusos e desprezo.

Feita para suportar tão somente a carga do nosso corpo, muitas vezes nossa coluna é desafiada a carregar o peso de alguns mundos. Toda vez que essa situação se tornar um desvio da realidade, mesmo que temporária, um sintoma terá a missão de avisar que algo ocorreu e que a missão, por isso, poderá seguir um caminho menos estável e mais doloroso.

Os joelhos também são excelentes emissores. Diante de dores, deslocamentos, desgastes e outros males, existe a denúncia de que opiniões divergentes não são aceitas, que a direção não está totalmente clara e que muitas vezes é necessário suportar o que não se deseja.

Aqui também entram as desvalorizações esportivas e uma possível falta de humildade em relação aos pais.

Noites escuras da alma

As noites escuras são aquelas que caem de repente, parecia que o sol ainda teria espaço para brilhar, mas quando os olhos buscam o horizonte, nenhuma luz pode se observar.

Lá estão as psicoses, a pobreza, doenças, infelicidade e tudo o que é tão confuso que não permite que uma saída seja contemplada.

Para quem está diante de uma noite escura, existem algumas possibilidades, mas, em algumas delas, o resultado pode não ser o esperado. Alguns sairão melhores e lapidados, no entanto, para outros pode ser um processo de trituração desmedido. Há também os que jamais sairão desse processo.

Nessas noites escuras, a razão é dominada pela emoção que se sente, podendo ser uma emoção pessoal ou adotada pelo clã familiar. De alguma forma, haverá um trabalho intenso e muitas vezes doloroso. O desfecho dependerá muito da postura e do conhecimento do afligido por esse momento da vida.

Alguns dos mais admirados personagens do cristianismo passaram por essas noites, por exemplo. A sensação de impotência e de abandono são alguns dos mais perceptíveis sinais. Se olharmos para a história do próprio Cristo, veremos que na cruz ele conhece uma de suas noites escuras e chega a lamentar o abandono de Deus.

Outros tantos personagens deixaram impressas em suas histórias marcas de quem precisou sobreviver a essas noites. Alguns viveram para conceituar e contar a amargura de suas noites e a posterior leveza de seu espírito.

Normalmente, quando uma pessoa está passando por uma noite escura que vem carregada de emoções, como medo, raiva, mágoa, tristeza, ela não consegue pensar racionalmente. Nesse momento, os conselhos e os pedidos para que se levante diante do problema não fazem nenhum sentido.

O que te mostra o espelho

Diante de qualquer crise na vida, automaticamente vamos parar em frente a um espelho. Nem sempre ele é físico. Lá, paralisados, olhamos inquietos para a imagem refletida. Procuramos entender ações, situações, crises, sentimentos e tudo mais que existe em nosso mundo.

Poucas vezes percebemos que o espelho é apenas uma página e que não possui a opção de, por uma fração de segundos, visitarmos o passado e muito menos o futuro. Então, o espelho é uma leitura estática do momento. No entanto, tentamos entender uma vida inteira olhando para uma única cena. A existência parece pequena para conseguir dar conta de tantas informações e sensações.

Ao observar o delicado e preciso espelho da existência, não conseguimos ver e muito menos sentir todas as nuances e cenas que precisamos compreender para, enfim, entender o propósito de tudo e a interconexão que temos com muito mais pessoas e histórias que conhecemos.

Lá no espelho não está a criança que fomos, muito menos podemos observar os sulcos que vão tatuar e moldar a nossa pele com o passar dos anos. A única informação que temos é o presente. O mesmo acontece quando, diante de uma dificuldade, olhamos para o problema e para nossas condições de suplantar esse desafio. Estamos olhando apenas para uma cena contemporânea que dificilmente terá informações suficientes para trazer luz e transformação.

O espelho físico que tanto nos seduz não possui o poder de transpassar o território físico trazendo diante de nossos olhos os mundos para os quais pertencemos, que são pelo menos três. Aquele em que, juntos com nossos irmãos, partilhamos antes mesmo de que a nossa vida seja percebida pelos nossos pais. Um mundo que formamos ao vencer essa confusa e frágil primeira etapa e aquele outro que encontramos ao nascer de forma física.

Nossos desafios moram nessas experiências e a nossa cura também. Compreender que a nossa história está alinhada a essas compreensões. Logo, nosso livro não é apenas pessoal, mas cravado por tantas informações que muitas vezes parecem nos confundir ou desorientar.

Respeitar esse livro é permitir que sua leitura seja feita de forma sagrada. Diante dos nossos olhos, devem estar o espelho que pode refletir a alma e com a intimidade de perguntar se ela realmente está presente e acolhida em nossas ações e decisões. Existem informações em todos os lugares. Elas chegam para nós de todas as formas e precisamos apenas decodificar a mensagem que escolhem as formas mais variadas, porém com um poder curativo muito grande e único em nossas vidas.

Diante desse espelho, outro cuidado deve ser tomado. É preciso ter espaço suficiente para que, além da nossa imagem, muitos outros rostos apareçam. Não apenas os rostos que estampam fotos felizes em nossas memórias, mas todos aqueles que serviram e servem a vida em nossa linhagem. Lá, rostos felizes e tristes ganham espaço. Pessoas imensamente amadas que deixaram saudade e outras que não foram compreendidas a tempo, mas que nem por isso perderam sua importância. O espelho da vida é uma espécie de retrovisor em que observamos o passado para que possamos nos guiar para o futuro em paz e segurança.

Os presentes que a vida mostra

Existem vários tipos de presentes nesta vida. Alguns chegam em nossa vida de maneira tão sutil que quase nem percebemos. Alguns são de fato presentes daqueles que se vendem em algum lugar e outros são formatados pela alma em forma de acontecimentos. No entanto, cada um traz sua parcela de contribuição para nossas vidas.

Alguns desses presentes chegam embalados em laços e fitas, outros são apenas uma informação que acessamos e ela trará o todo que precisamos.

Para algumas pessoas, os presentes físicos são uma forma de amor, quase como se traduzissem palavras e sentimentos.

Certa vez, ao conhecer uma pessoa, ela me ofereceu um pequeno sabonete de maracujá. A primeira mensagem que me veio foi a calma atribuída ao fruto e sua essência. Sabia que aquela relação que dava seu primeiro passo exigiria tempo, calma, que traria o sabor inconfundível do fruto, mas também a acidez necessária para que a impressão fosse completa e cheia de sentido.

Um presente pode ser visto de várias maneiras e entendido de acordo com o momento vivido, o amor recebido ou a desfeita colocada em um objeto.

Porém, devemos sempre estar ligados e entender o motivo da atitude para conosco, afinal o presente deve estar presente não só na materialidade, mas também na alma.

Afinal, qual é o endereço do sucesso?

Talvez ninguém tenha te contado, mas conectar-se com seus pais forma em você as raízes que conseguem te conectar em uma árvore que dará bons frutos e que vai emanar forças para agir e conquistar o inesperado. Aquele que nada exige de seus pais e reconhece que recebeu tudo o que precisava, e isso não é sobre quantidade, seguirá mais livremente rumo ao sucesso.

Essa liberação surge quando essa conta fecha e conscientemente esse filho deixa de esperar e então, de fato, pode receber. Na profissão, esse filho saberá servir e doar o quanto for necessário e o sucesso chegará de maneira consequente.

No relacionamento, não será diferente. O filho que encontrou de fato com seus pais e os reconheceu em sua grandeza e eficácia em suas vidas poderá apreciar o parceiro sem projeções e falsas expectativas. Ele não tem vazios, e isso o livra de uma busca inatingível que nem sempre resulta em felicidade.

Com os filhos, ele não precisa de redomas. Sabe que o voar faz parte do processo e que ele, em pouco tempo, se tornará desnecessário, porém não menos importante. Cumpriu sua missão, assim como seus pais. Ele repousa na certeza de ter sido e feito o necessário. Os filhos não são criados para cuidar dele na velhice e nem são seduzidos em ficar para que lhe sejam o motivo de toda a existência.

Quando os pais acreditam que os filhos devem ficar e tem a obrigação de cuidar deles na velhice, existe uma dinâmica e uma mensagem inconsciente que diz ao filho: você me pertence e por isso deve ficar. Outro emaranhado comum é nutrido pelo pensamento dos pais que consideram que seus filhos já adultos dependem ou precisam demasiadamente deles. Esse movimento pode expor esse filho a uma separação aparentemente sem causa, falta de sucesso profissional, vício e a outros tipos de dependências. Sábios são os pais que sabem libertar e apreciar o voo de seus filhos.

Esse aleijamento também pode ocorrer quando, por exemplo, um filho se coloca no papel de pai dos seus pais, seja por escolha ou por imposição. O agravamento aqui acontece pela inversão de papéis, mas isso nem de longe afirma que os filhos não possam auxiliar e zelar de forma respeitosa os seus pais na velhice. Porém, o lugar de filho deve ser mantido e preservado. Para encontrar o sucesso, essa ordem precisa ser respeitada.

Bert Hellinger disse que o sucesso tem a face da mãe e eu acrescento que sustentar esse sucesso só é possível olhando com honra e amor para o rosto do pai.

As mil e uma noites

Em umas das últimas noites que escrevia esta obra, voltei a lembrar a história da princesa Sherazade e surgiu à mesa uma lembrança da infância.

Um livro muito conhecido para os que cresceram nos anos 80, a obra As Mil e Uma Noites, um clássico infantil que embalou o sono de muitas crianças. Falamos dele ainda bem no começo da obra, mas ainda era cedo para que Sherazade pudesse ser literalmente apresentada.

Para quem não conheceu a obra, ela conta a lenda que na antiga Pérsia o Rei Shariar descobriu ter sido traído pela esposa, que tinha um servo como amante. Enfurecido, o rei mandou matar os dois. Depois, toma uma terrível decisão: todas as noites, casar-se-ia com uma nova mulher e, na manhã seguinte, ordenaria a sua execução, para não mais ser traído. E assim foi por três anos, causando medo e lamentações em todo o reino.

Um dia, a filha mais velha do primeiro-ministro, a bela e astuta Sherazade, diz ao pai que tem um plano para acabar com aquela barbaridade. Porém, para aplicá-lo, precisa casar-se com o rei. O pai tenta convencer a filha a desistir da ideia, mas Sherazade estava decidida a acabar de vez com a maldição que aterrorizava a cidade. E assim aconteceu, Sherazade casou-se com o Rei.

Terminada a curta cerimônia nupcial, o rei levou a esposa a seus aposentos; entretanto, antes de trancar a porta, ouviu uma ruidosa choradeira. "Oh, Majestade, deve ser minha irmãzinha,

Duniazade", explicou a noiva. "Ela está chorando porque quer que eu lhe conte uma história, como faço todas as noites. Já que amanhã estarei morta, peço-lhe, por favor, que a deixe entrar para que eu a entretenha pela última vez!"

Sem esperar resposta, Sherazade abriu a porta, levou a irmã para dentro, instalou-a no tapete e começou: "Era uma vez um mágico muito malvado...". Furioso, Shariar se esforçou para impedir a história de prosseguir; resmungou, reclamou, tossiu, porém, as duas irmãs o ignoraram. Vendo que de nada adiantava pestanejar, ele ficou quieto e se pôs a ouvir o relato da jovem, meio distraído no início, e muito interessado após alguns instantes. A pequena Duniazade adormeceu, embalada pela voz suave da rainha. O soberano permaneceu atento, visualizando na mente as cenas de aventura e romance descritas pela esposa. Repentinamente, no momento mais empolgante, Sherazade calou-se. "Continue!", Shariar ordenou. "Mas o dia está amanhecendo, Majestade! Já ouço o carrasco afiar a espada!". "Ele que espere", declarou o rei. Shariar deitou-se e dormiu profundamente. Despertou ao anoitecer e ordenou à esposa que concluísse a história, mas não se deu por satisfeito: "Conte-me outra!". Sherazade com sua voz melodiosa começou a narrar histórias de aventuras de reis, de viagens fantásticas de heróis e de mistérios. Contava uma história após a outra, deixando o Sultão maravilhado.

Sem que Shariar percebesse, as horas se passaram e o sol nasceu. Sherazade interrompeu uma história na melhor parte e disse: "Já é de manhã, meu senhor!". O rei, muito interessado na história, deixou Sherazade no palácio por uma noite mais. E assim Sherazade fez o mesmo naquela noite, contou-lhe mais histórias e deixou a última sem terminar. Muito alegre, ora contava um drama, ora contava uma aventura, às vezes um enigma, em outras uma história real. E assim passaram-se dias, semanas, meses, anos. E coisas estranhas aconteceram. Sherazade engordou e de repente recuperou seu corpo esguio. Por duas vezes ela desapareceu durante várias noites e retornou sem dar explicação, e o rei nunca lhe perguntou nada. Certa manhã, ela terminou uma história ao surgir do sol e falou: "Agora não tenho mais nada para lhe contar. Você percebeu que estamos casados há exatamente mil e uma noites?" Um som lhe chamou a atenção e, após uma breve pausa, ela prosseguiu; "Estão batendo na porta! Deve ser o carrasco. Finalmente você pode me mandar para a morte!"

Quem adentrou nos aposentos reais foi, porém, Duniazade, que com o passar dos anos se transformara numa linda jovem. Trazia dois gêmeos nos braços, e um bebê a acompanhava, engatinhando. "Meu amado esposo, antes de ordenar minha execução, você precisa conhecer meus filhos", disse Sherazade. "Aliás, nossos filhos. Pois desde que nos casamos, eu lhe dei três varões, mas você estava tão encantado com as minhas histórias que nem percebeu nada..." Só então Shariar constatou que sua amargura desaparecera. Olhando para as crianças, sentiu o amor lhe inundar o coração como um raio de luz. Contemplando a esposa, descobriu que jamais poderia matá-la, pois não conseguiria viver sem ela. Assim, escreveu a seu irmão lhe propondo que se casasse com Duniazade. O casamento se realizou numa dupla cerimônia, pois Shariar desposou Sherazade pela segunda vez, e os dois reis reinaram felizes até o fim de seus dias.

Foi a primeira vez que soube que histórias são muito mais poderosas do que podemos imaginar. Fiquei pensando como é que aquele Rei teria esquecido a própria raiva diante das histórias juvenis da rainha. Também me chamou atenção a maneira com que ela confiou em suas histórias. Não pude deixar de pensar na hipótese de que se ela não conhecesse tantas histórias, teria lhe custado a vida.

No capítulo final, quando ela apresenta ao Rei seus filhos, percebi que muitas vezes, mergulhados em histórias, deixamos de viver, perceber que novas coisas sempre acontecem. A vida sempre se renova e se cura através das histórias.

Neste livro, mesmo sem saber quem são os personagens, você leu inúmeras histórias reais, daquelas com lágrimas, sentimentos, desesperos, noites escuras e também de muita ressignificação e amor.

Histórias possuem o poder de libertar e de fazer prisioneiro. Quem fica dentro das histórias pode não ganhar a chance de liberdade, mas aqueles que efetivamente estão dispostos ao conhecimento vislumbram nas histórias a chance real de não repetir cenas, assumir dores e rompe com um ciclo que finalmente pode ser fechado com consciência e amor.

Assim, quando a noite escura se aproxima e o carrasco parece bater à sua porta, saque do peito sua melhor história e conte como quem narra o poema mais lindo que pudera ser escrito e o universo enviará para você a chance de ver nascer um novo e iluminado dia, afinal, isso é tudo que você precisa para viver e decidir ser feliz.

A Busca

Procurando a resposta certa
Em lugares imprevistos
Minha busca continua
Até que todos sejam vistos

Numa ofensa esquecida
Numa mágoa sem resquícios
Minha busca continua
Até que todos sejam vistos

Na criança que não veio
Na irmã que nunca tive
Minha busca continua
Até que todos sejam vistos

Numa guerra tão sangrenta
Ou no irmão que eu odeio
Minha busca continua
Até que todos sejam vistos

No amor que é mais ardente
Ou no filho escondido
Minha busca continua
Até que todos sejam vistos

E assim vamos buscando
Com muita luta e sacrifício
Minha busca continua
Até que todos sejam vistos

No final desta peleia
Se conversa sem caprichos
E a busca só termina
Quando todos foram vistos

Silvestre Pereira da Silva